IMPRESSIONS ON CHINA

Elementary Chinese Reading Course

初级汉语阅读教程

曾立英　刘玉屏／编著

中央民族大学出版社
China Minzu University Press

图书在版编目（CIP）数据

中国印象·初级汉语阅读教程/曾立英、刘玉屏编著．—北京：中央民族大学出版社，2011.12

ISBN 978－7－5660－0086－6

Ⅰ.①中…　Ⅱ.①曾…②刘…　Ⅲ.①汉语—阅读教学—对外汉语教学—教材　Ⅳ.①H195.4

中国版本图书馆 CIP 数据核字（2011）第 226125 号

中国印象·初级汉语阅读教程

编　　著　曾立英　刘玉屏
责任编辑　李苏幸
封面设计　布拉格
出 版 者　中央民族大学出版社
　　　　　北京市海淀区中关村南大街 27 号　邮编：100081
　　　　　电话：68472815（发行部）传真：68932751（发行部）
　　　　　　　　68932218（总编室）　　　68932447（办公室）
发 行 者　全国各地新华书店
印 刷 厂　北京宏伟双华印刷有限公司
开　　本　787×1092（毫米）　1/16　印张：10
字　　数　180 千字
版　　次　2011 年 12 月第 1 版　2011 年 12 月第 1 次印刷
书　　号　ISBN 978－7－5660－0086－6
定　　价　26.00 元

编写说明

《中国印象·初级汉语阅读教程》是为在中国学习汉语的外国留学生编写的阅读教材，教学对象为在全日制学校学过一个学期，掌握了600个左右的汉字、1000个左右的常用词的留学生。

本教材充分考虑了初级汉语阅读的特点，注重控制阅读中词汇的难度。针对留学生词汇量受限的状况，精心选择外国留学生关注的话题，用简洁的词语表达丰富的思想，以激发学生的学习兴趣，让学生乐于阅读，乐于表达，从而提高中文学习水平。

本书一共有15个单元，包含饮食、工作、旅行、业余生活、交通、环境保护、性格、中国故事与歌曲、食品安全、爱情与婚姻、消费、教育、网络、慈善、养生等话题，每一单元的话题，力求反映中国的元素，注重典型性、趣味性和时效性。

每单元都围绕同一个话题展开，设计短文阅读1篇，阅读训练3篇，每单元的体例安排一致。供精读的短文阅读选择常用词汇编写而成，阅读训练有实用阅读、笑话、诗歌、记事日程等，选择不同文体的材料，再现主题，复现生词。每一单元中讨论的是留学生熟悉或普遍关心的内容，如"姚明、鸟巢、性格、爱情"等话题，让留学生了解中国，留下中国的印象。

练习的设计也主要是针对培养阅读能力而作，包括选择、判断、填空、讨论、写作以及词语练习等，注重对文章主要内容、句子意思的把握和猜词的训练。主要培养学生精读、略读、查读的阅读习惯以及阅读欣赏的兴趣。有的单元还包括限时阅读和补充阅读等，培养学生的阅读速度。

全书主要是针对外国人的视角介绍中国，除此以外，本书也注重把语言学习和留学生的文化背景联系起来，讨论中常设计了让留学生谈论自己国家的话题，启发学生表达。本书也有外国学生的"留学记事"，体现"言为心声"，让学生有感而写。

本书共15单元，每单元可安排2课时。在教学中，短文阅读这部分可精讲，阅读训练部分不必预习，在课堂中可根据学生的实际水平采取不同的阅读方法。要避免把阅读课与综合课混淆，阅读的关键在于读得快、理解得好。要鼓励学生大胆猜测生词、句子、文章的意思，大胆表达自己所理解的内容，培养好的阅读习惯和兴趣。

目　　录

第1单元　点　菜

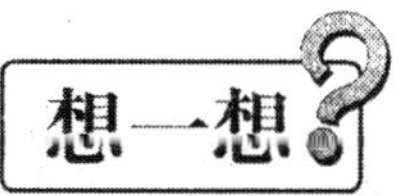

到了中国，去哪里吃饭？

短文阅读

北京的饭馆很多，不同的饭馆价格也很不一样。有些高档饭店在市中心，店面大，服务质量很好，价格也高，比如“北京饭店”、“全聚德”等地方。全聚德是专门做烤鸭的饭店，历史很长，很有名，味道也很好。北京还有些很便宜的小吃店，比如“成都小吃”，有各种各样的家常菜和盖浇饭，10元钱就可以吃饱。当然，北京也有一些中档的饭馆，在这样的饭馆请人吃饭，花费不多，价格合适。

如果你想找一个安静的地方请客，你可以先预订一个包间。另外，在北京的饭馆吃饭，一般不用付小费，吃不完还可以打包带走。

生词

1	点菜	diǎncài	VO	to order dishes (in a restaurant)	
2	价格	jiāgé	N	price	
3	专门	zhuānmén	Adv	specially	
4	高档	gāodàng	A	top grade; superior quality	~衣服/~饭店
5	中档	zhōngdàng	A	intermediate	价格不贵也不便宜
6	烤鸭	kǎoyā	N	roast duck	指一种食物
7	历史	lìshǐ	N	history	

续表

8	便宜	piányi	A	cheap	用的钱少
9	小吃	xiǎochī	N	snack	指分量少而价格低的菜
10	盖浇饭	gàijiāofàn			米饭和菜在一起，下面是米饭，上面是菜。
11	预订	yùdìng	V	to reserve; to book (a ticket, a hotel, etc)	~房间/~票
12	包间	bāojiān	N	compartment	一间不受干扰的房间，常出现在餐厅和KTV中
13	小费	xiǎofèi	N	tips	
14	打包	dǎbāo	VO	to make a bundle	把吃不完的食物装好带走

专有名词

1	北京饭店	BěiJīng Fàndiàn	Beijing Hotel
2	全聚德	Quánjùdé	一家餐馆的名字
3	成都	Chéngdū	中国四川省的省城

一、词语搭配（Word collocation）

价格________　高档________　________（的）质量

便宜的________　预订________　付________

二、根据课文内容选择一个正确答案（Choose the correct answer according to the passage）

1. ________饭店的服务质量很好，价格也高。

   A. 高档　B. 中档　C. 低档　D. 成都

2. “全聚德”的________很有名？

   A. 烤鸭　B. 家常菜　C. 盖浇饭　D. 小吃

3. “预订”的意思是________。

A. 提前订　　B. 当时订　　C. 点菜　　D. 事后订

三、说一说 

1. 在你们国家的饭馆吃饭，要付小费吗？一般付多少钱？

2. 你觉得打包的习惯好吗？为什么？

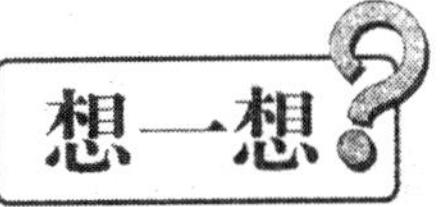

你们吃过什么中国菜？
中国菜是怎么做出来的？

阅读训练（一）——中国菜的做法

中国人常说："民以食为天"，意思是说老百姓非常重视"吃"。

中国菜的做法以炒、蒸、煮、炸为主，您可以根据个人的爱好点菜。外国人常点的菜有宫保鸡丁、西红柿炒鸡蛋、麻辣豆腐，等等。有些外国人说："中国菜很好吃，但是油有点儿多，不太习惯。"

当服务员问你不能吃什么东西，有什么"忌口"时，如果你不吃姜、蒜或者香菜，你应该事先告诉服务员。

生词

1	炒	chǎo	V	pan-fry	做菜的方法
2	蒸	zhēng	V	to steam	用热的水蒸气来做食物
3	煮	zhǔ	V	to boil	在锅里用比较多的水来做食物
4	炸	zhá	V	fry in deep fat or oil	做菜的方法，用很多热油做食物
5	根据	gēnjù	V	according to	
6	油	yóu	N	oil	
7	忌口	jìkǒu	N	dietetic restraint	不吃的东西
8	姜	jiāng	N	ginger	
9	蒜	suàn	N	garlic	
10	香菜	xiāngcài	N	coriander	

说一说

1. “民以食为天”是什么意思？

2. 你吃菜有什么忌口吗？

3. 中国菜和你们国家的菜一样吗？中国菜有什么特点？你们国家的菜有什么特点？

阅读训练（二）——实用阅读

看菜单，学习点菜

菜　单

§ 凉菜　Cold Dishes §	
凉拌白菜心 liángbàn báicàixin	8 元
姜汁松花蛋 jiāngzhī sōnghuādàn	8 元
炸小黄鱼 zhá xiǎohuángyú	12 元
五香牛肉 wǔxiāng niúròu	18 元
☆素菜　Vegetables☆	
清炒土豆丝 qīngchǎo tǔdòusī	10 元
麻辣豆腐 málà dòufu	12 元
西红柿炒鸡蛋 xīhóngshì chǎo jīdàn	14 元
鱼香茄子 yúxiāng qiézi	16 元
茄子豆角 qiézi dòujiǎo	16 元
◆肉菜　Meat dishes	
红烧丸子 hóngshāo wánzi	20 元
葱爆五花肉 cōngbào wǔhuāròu	24 元
小炒肉 xiǎochǎo ròu	24 元
小炒排骨 xiǎochǎo páigǔ	26 元
红烧牛肉 hóngshāo niúròu	32 元
清蒸黄花鱼 qīngzhēng huánghuāyú	30 元
水煮鱼 shuǐzhǔ yú	22 元/斤
香辣小黄鱼 xiānglà xiǎohuángyú	20 元
◎汤　Soup◎	
鸡蛋汤 jīdàn tāng	6 元
紫菜汤 zǐcài tāng	6 元
酸辣汤 suānlà tāng	10 元
疙瘩汤 gēda tāng	12 元

练习

一、找一找

1. 这家饭馆的一份西红柿炒鸡蛋要________元，一份红烧牛肉要________元。
2. 清炒土豆丝是________（A. 凉菜；B. 素菜；C. 肉菜）
3. 如果你去这家饭馆吃饭，你会点________________。

二、小组活动

四人一组，其中三个人是吃饭的顾客，一人是服务员。

要求

1. 点4个菜，1个汤。
2. 三人中，有1个人不吃猪肉。
3. 顾客要问服务员菜的口味等内容，并请服务员推荐（tuījiàn）好吃的菜。
4. 服务员写下点的菜名，并计算一共多少钱。
5. 顾客买单，服务员找钱。

三、讨论

你觉得和朋友一起吃完饭付费时，是一个人买单好呢，还是AA制合适？

阅读训练（三）——笑话

青椒肉丝

我去食堂吃饭，看到四号窗口打菜的是我的四川老乡小方，就直接走到四号窗口。小方笑嘻嘻地问我："老乡，今天想吃什么？""今天的青椒肉丝辣吗？要是辣给我来一份。"小方点点头说："辣。""那来一份吧。"我说。

小方接过饭盒，用勺子在菜盆里一打，给我打了不少。我看到饭盒里装满了青椒，却没几根肉丝，就指着饭盒对小方说："这青椒也太多了吧？"小方笑着说："怎么？吃不完吗？那下回给你少打点儿吧。"

（改写自2011年《京华时报》魏燕的文章）

生词

1	老乡	lǎoxiāng	N	fellow-villager
2	青椒	qīngjiāo	N	green pepper
3	饭盒	fànhé	N	lunch box
4	勺子	sháozi	N	scoop

根据课文选择一个正确答案

1. 课文里的"我"和小方是什么关系？

   A. 同学关系　B. 同乡关系　C. 不认识　D. 上下级关系

2. "我"喜欢吃什么样的菜？

   A. 辣的菜　B. 甜的菜　C. 素菜　D. 青椒

3. "我"为什么觉得青椒太多了？

   A. "我"觉得肉丝少了　B. "我"吃得少

   C. "我"喜欢吃青椒　D. 青椒吃多了容易长胖

补充阅读——诗歌

诗歌（一）[①]

我在中国留学，我爱吃中国饭，
红烧肉，鱼香肉丝，还有那蛋炒饭。

---

① 诗歌（一）、（二）和耶鲁大学的牟岭老师商讨过，感谢牟老师的修改。

来吧来吧我的朋友，
我们一起来吃中国饭。

诗歌（二）

北京好，北京大，北京饭店多又多，
大饭店，小饭馆，还有路边的小吃店，
南方味，北方味，东西南北的大餐。

第2单元　工　作

你所知道的工作都有哪些？
你希望找个什么样的工作呢？

短文阅读

什么样的工作是好工作呢？每个人对好工作的看法是不同的。有的人认为，挣钱多的工作就是好工作，比如开公司的老板、IT（Information Technology）工作人员、医院的牙医、律师等；有的人觉得，地位高的工作就是好工作，比如政府官员、老师等；还有的人认为，自己真正喜欢的工作才是好工作，比如警察、歌手、推销员等。

当然人们对于好工作的认识会随着时间的变化而变化，有的工作开始是人们特别希望得到的，但后来人们却并不欣赏它了。比如司机这个职业，20世纪80年代时很多人都喜欢当司机，但现在人们并不认为这是个好职业。

不管是哪个国家，人们都认为学历高的人容易找到好工作，但是也有例外，例如比尔·盖茨，大学没毕业就创立了微软（Microsoft）公司，39岁便成为了“世界第一富人”。

生词

1	看法	kànfǎ	N	a way of looking at a thing	对人或事情的想法。如：有~/你的~

续表

2	挣钱	zhèngqián	V	to earn money	不~/挣了很多钱
3	老板	lǎobǎn	N	boss	大~
4	IT		N	Information Technology 的缩写	汉语叫信息技术
5	牙医	yáyī	N	dentist	给人们看牙的医生
6	律师	lǜshī	N	lawyer	
7	地位	dìwèi	N	position	~很高
8	政府	zhèngfǔ	N	government	管理国家的行政机构
9	官员	guānyuán	N	official	政府领导人
10	警察	jǐngchá	N	police	
11	推销员	tuīxiāo yuán	N	salesman	卖东西的人
12	司机	sījī	N	driver	开车的人
13	职业	zhíyè	N	occupation	工作
14	学历	xuélì	N	record of formal schooling	一个人的学习经历，比如高中、大学等
15	毕业	bìyè	V	to graduate	
16	创立	chuànglì	V	to found	从无到有地造出
17	微软	wēiruǎn	N	Microsoft	
18	富人	fùrén	N	rich people	有钱人

一、根据课文选择一个正确答案

1. 下面的工作中，挣钱最多的是（　　）

   A. 开公司的老板　　B. 餐馆服务员

   C. 出租车司机　　D. 警察

2. 文中说道“有的工作开始是人们特别希望得到的，但后来人们却并不欣赏它了”，“欣赏”的意思是（　　）

   A. 喜欢　　B. 讨厌

   C. 既不喜欢也不讨厌　　D. 恨

3. 关于比尔 · 盖茨（Bill Gates），下面哪句话是错的？（　　）
   A. 比尔 · 盖茨创立了微软公司　　B. 比尔 · 盖茨是做 IT 的人
   C. 比尔 · 盖茨是政府官员　　D. 比尔 · 盖茨是富人

4. “牙医”中的“医”意思可能是（　　）？
   A. 医院　　B. 医生　　C. 中医　　D. 医学

二、说一说 

1. 在你们的国家，通常什么样的工作是好工作？请用下面的词语帮助你表达。

A. 不管……都……	B. 这（样）
C. 因为……所以……	D. 并不
E. 但是	

2. 你认为人长大了以后，需要工作吗？每天工作几个小时合适？

阅读训练（一）——张大中出任国美电器董事局主席

2011 年，国美电器发布公告表示，陈晓因个人原因辞去董事局主席一职。令人意外的是，大中电器的创始人张大中，出任国美董事局主席。

张大中 1948 年 3 月出生于北京，是最早进入中国家电零售业的商人之一。今年 63 岁的张大中经常被人称为“穿布衣”的富人，在 2004 年的中国富人榜上，他名列前十位。老一点的员工这样描述他们的老板：“生活简单，和普通人一样经常独自上街，很少有车队和随从陪着他出行。”

（摘自《北京青年周刊》2011 年第 13 期）

生词

1	电器	diànqì	N	electric appliance
2	董事局	dǒngshì jú	N	board of directors
3	辞职	cízhí	V	resign
4	零售	língshòu	V	retail sale
5	随从	suícóng	N	member of one's suite

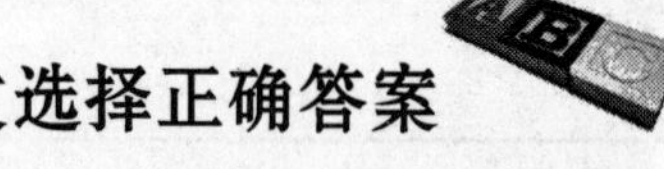

根据上面的短文选择正确答案

1. 2011 年，（　　）从国美电器辞职了？

   A. 陈晓　B. 张大中　C. 富人　D. 北京人

2. 2011 年，张大中担任（　　）的主席

   A. 国美董事局　B. 大中电器

   C. 中国家电零售业　D. 车队

3. 关于"张大中"，哪一种说法不对？（　　）

   A. 上街还要人陪　B. 大中电器的创始人

   C. 今年 63 岁　D. 经常穿布衣

4. "大中电器"的名字最有可能是根据（　　）取的？

   A. 国美的老板　B. "张大中"的名字

   C. 富人榜　D. 陈晓的名字

阅读训练（二）——最低工资

近日，全国多个城市纷纷宣布自 2011 年元旦起提高最低工资标准，以应对物价上涨带来的人民生活问题。自 2011 年 1 月 1 日起，北京最低工资标准从以前的每月 960 元提高到现在的每月 1160 元，月增加 200 元，增幅为 20.8%。这也是北京市最低工资标准首次"破千"。

生词

1	工资	gōngzī	N	wages，pay
2	物价	wùjià	N	pricc
3	上涨	shàngzhǎng	V	to rise
4	标准	biāozhǔn	N	standard ～比较低/提高～

请根据课文回答问题

1. 现在，北京市的最低工资标准是________元。
2. “元旦”是______月______日。
3. 为什么北京市要提高最低工资标准？

阅读训练（三）——一天的工作

小张是上海市一名保险公司的经理，今天是他上班的第一天，他的秘书已经给他安排好了一天的工作，这是他当天的工作日程表：

时　间	工作安排
8：00—8：15	打开电脑，查 Email，回 Email
8：15—9：00	做保险活动管理，对公司的每一位客户做出分析

续表

时间	工作安排
9：00—9：30	开一个办公室会议，向员工交待本周的任务
9：30—10：00	参加公司的高层会议，记录公司董事长 CEO 的报告
10：00—11：00	处理保险、理赔业务
11：00—12：00	去上海大学和老客户周先生见面交谈
12：00—14：00	请周先生在锦江饭店吃午饭
14：00—15：30	打电话预约新客户，填写客户资料
15：40—16：50	学习一些银行、保险等方面的专业知识
16：50—17：00	填写自己一天的工作日志

生词

1	保险	bǎoxiǎn	N	insurance
2	经理	jīnglǐ	N	manager
3	秘书	mìshū	N	secretary
4	安排	ānpái	V	arrange
5	日程	rìchéng	N	schedule
6	管理	guǎnlǐ	V	to manage
7	客户	kèhù	N	client
8	分析	fēnxī	V	to analyze
9	高层	gāocéng	N	high level
10	处理	chùlǐ	V	to deal with
11	记录	jìlù	V	to record
12	CEO		N	Chief Executive Officer
13	理赔	lǐpéi	V	claim settlement
14	业务	yèwù	N	business
15	预约	yùyuē	V	to reserve
16	资料	zīliào	N	material
17	专业	zhuānyè	A	professional
18	日志	rìzhì	N	journal

专有名词

1	上海	Shànghǎi	a city in China
2	锦江饭店	Jǐnjiāng Fàndiàn	a hotel

一、根据课文回答问题

（一）选择题

1. 小张的工作是（　　）

A. 公司的 CEO　　B. 保险公司的经理

C. 秘书　　D. 北京市的经理

2. 小张在 10：00—11：00 的时候做什么工作（　　）

A. 到达办公室　　B. 参加办公室会议

C. 参加公司的会议　　D. 处理保险、理赔业务

3. 小张和周先生吃饭的时间有多长（　　）

A. 1 个小时　　B. 1 个半小时　　C. 2 个小时　　D. 3 个小时

4. 小张下班的时间是几点（　　）

A. 16：00　　B. 16：30　　C. 17：00　　D. 17：30

（二）填空题：

1. 上午 9：00—9：30 的时候，小张在________。

2. 小张打电话预约新客户、填写客户资料的时间是________。

3. 小张填写自己一天的工作日志有________（多长时间）。

（三）判断题：

1. 小张 9：30—10：00 的时候，正在参加公司的高层会议。（　　）

2. 小张学习一些银行等方面知识的时间是 15：00—16：00。（　　）

二、活动：你来做秘书

采访几个你身边的老师，问问他们一天的工作是怎样安排的，然后根据这几位老师的工作安排，给一位新来的老师做一个工作安排表。

时间	工作安排

留学记事

我喜欢的工作是当政府官员，因为工资高，有很好的健康保险和很多救济金，而且我住得离首都很近，所以如果我想看父母会很方便。最后，政府官员可以早一点儿退休，退休以后我可以做很多别的事情，比如说：写一本书，做饭，教课或者旅行。

（美国　白丽娜）

学说中国话

今天工作不努力，明天努力找工作。

第3单元　旅　行

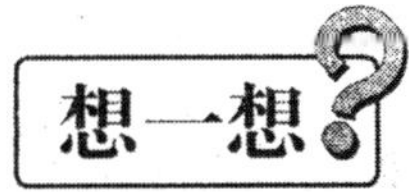

你去过哪些地方旅行？

短文阅读——旅行

你喜欢旅行么？你去过中国哪些地方旅行？

旅行的方式主要有两种：个人旅行和跟旅行团旅行。

有的人喜欢自己去旅行，那么一个人去旅行有什么优点呢？

个人旅行和跟旅行团旅行相比，个人旅行线路更自由，时间也更灵活。你可以自己决定去什么样的景点，一个景点待很长时间都没关系，但一个人去旅行一定要注意安全。

有的人喜欢跟着旅行团旅行，那么跟团旅行又有什么优点呢？

跟团旅行比较省事，旅行团会为你做好很多准备工作，你只要交给旅行团一些钱，旅行团就可以帮你订飞机票、酒店等等，你要做的只是和大家一起去看不同的风景，但是跟团旅行不那么自由，经常会被安排购物活动。所以，选择旅行团的时候，最好问清楚这方面的情况。

生词

1	方式	fāngshì	N	mode	生活～/联系～
2	优点	yōudiǎn	N	advantage	好处
3	自由	zìyóu	A	free	
4	灵活	línghuó	A	flexible	可变化的

续表

5	安全	ānquán	A	safe	那个地方不太～，你别去了
6	风景	fēngjǐng	N	landscape	美丽的～
7	景点	jǐngdiǎn	N	scenic spots	有风景的地方
8	省事	shěngshì	A	save trouble	办事不用花太多的时间
9	购物	gòuwù	V	shopping	买东西

一、判断对错

1. 旅行的方式只有一种。 （　　）
2. 一个人去旅行比跟旅行团旅行要自由。 （　　）
3. 跟团旅行不用交给旅行团钱。 （　　）
4. 跟旅行团旅行可以自己决定在景点待多长时间。 （　　）
5. 在中国，经常被安排购物的是跟着旅行团旅行。 （　　）

二、讨论

1. 如果你一个人要去一个地方（如云南）旅行，你会怎么安排这次旅行？

2. 请写出你的旅行安排，包括旅行前的准备工作。

阅读训练（一）——我的内蒙古之行

2010年8月左右，我跟我的韩国朋友一起去了内蒙古。我坐的是火车的卧铺，因为在韩国没有这样的火车，所以我感到又新奇又有趣，我们是晚上出发，所以一觉醒来就到内蒙古了。

去的时候是夏天，那时北京热得要命，但是到了内蒙古大家都很吃惊，外边好像下过雨，所以还有点冷。在火车站的门口我们见到了旅行社的人，然后我们去了沙漠，我第一次见到沙漠，那时激动的心情没有办法说出来。我们在沙漠待了很长时间，然后去了内蒙古的草地。我们预订了蒙古包，大概晚上12点到的目的地，在那里住了一夜，我第一次看到那么广阔的天空，还有亿万颗的星星，真美！

第二天，我们去了能骑马的地方。我也是第一次骑马，刚开始骑马的时候，既害怕又紧张，但是后来越骑越好，还能一边照相一边跟朋友聊天了。

我五月份的时候去过西安，觉得这两个地方很不同。西安是一个历史上很有名的城市，有很多文化遗产，但是内蒙古没有太多这样的地方，我对既有草原又有沙漠的地方很感兴趣。我每次旅行都能看到不同的风景，我真喜欢旅行！

生词

1	卧铺	wòpù	N	sleeping berth	
2	新奇	xīnqí	A	curious	新的能让人有兴趣的
3	吃惊	chījīng	V	to be amazed	
4	沙漠	shāmò	N	desert	不长水草的地方
5	激动	jīdòng	A	excited	
6	蒙古包	měnggǔbāo	N	mongolia package	
7	目的	mùdì	N	purpose	
8	广阔	guǎngkuò	A	broad	<书面语>特别大
9	亿万	yìwàn	M	millions upon millions	非常非常多的
10	骑	qí	V	ride	~马/~自行车
11	文化	wénhuà	N	culture	
12	遗产	yíchǎn	N	heritage	文化~
13	既……又……	jì…yòu…		Not only…but also…	
14	草原	cǎoyuán	N	grasslands	

专有名词

1	内蒙古	Nèiménggǔ	Inner Mongolia 中国的一个民族自治区

一、请根据课文回答问题

1. 我去内蒙古的时候，是什么季节，天气怎么样？

2. 韩国的火车有卧铺吗？课文中的“我”感到怎么样？

3. 我们晚上在内蒙古看到了什么样的风景？

4. “我”喜欢骑马吗？

5. 内蒙古和西安有什么不同？

二、说一说

你有什么样的旅行经历？谈一谈旅行中让你记得很深的事情。

阅读训练（二）——鸟巢（限时阅读）

国家体育场——鸟巢

请大家在2分钟内读完短文，不要查词典。

国家体育场即“鸟巢”位于北京奥林匹克(Olympic) 公园，面积约26万平方米，可容纳观众10万人，承担了2008北京奥林匹克运动会（Games）田径、足球两大项目的比赛任务，同时承担奥运会开幕式和闭幕式的任务。

国家体育场主体建筑像椭圆形，南北长333米、东西宽294米、高69米。主体钢结构形成整体的巨型空间，酷似“鸟巢”的结构。

生词

1	鸟巢	niǎocháo	N	bird's nest
2	奥林匹克	Àolínpǐkè	N	Olympic
3	承担	chéngdān	V	undertake
4	钢	gāng	N	steel

根据文章选择正确答案（请在3分钟内做完）

1. 国家体育场的样子像什么？

A. 狗　　B. 猪　　C. 鸟巢　　D. 乌鸦

2. 从文章中，我们可以知道国家体育场2008年举办过什么运动会？

A. 亚洲运动会　　B. 奥运会　　C. 游泳比赛　　D. 欧洲运动会

3. 鸟巢的主体结构是什么？

A. 钢　　B. 土　　C. 纸　　D. 木头

4. 国家体育场主体建筑南北长（　　）米，东西宽（　　）米？

A. 333；294　　B. 400；300　　C. 288；133　　D. 294；73

阅读训练（三）——作文

介绍你熟悉的一个景点，可以是中国的一个景点，也可以是你们自己国家的景点。作文一定要有题目，字数不能少于200字。

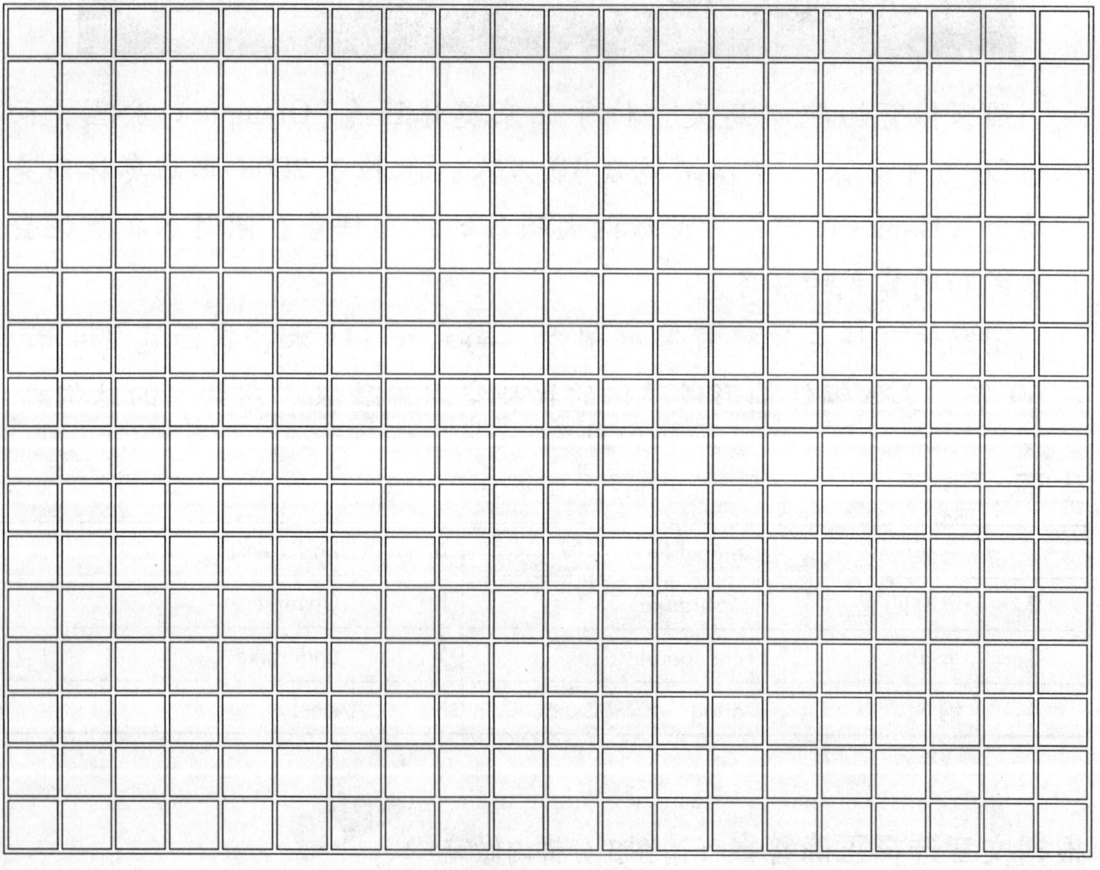

第4单元　业余生活

你怎样过你的假日呢？

你周围的人都有哪些玩儿法？

短文阅读

（马上就要放寒假了，学校广播台正在进行一场访谈。）

主持人：老师们，同学们大家好，又到了我们的“你说我说”节目。首先，欢迎大家来到我们的录播间，我是主持人小青，今天我们的话题是：同学们在寒假里怎样休闲娱乐。访谈对象是我们学校的四位研究生同学，请问你们有哪些娱乐活动？你们家乡有什么特别的娱乐吗？

小西：我喜欢体育运动，各种球类运动，像打篮球，打网球，踢足球等等都是我经常玩的。

小王：我喜欢旅游，寒假去南方旅游是个不错的选择，因为冬天的南方会比北方暖和很多。

小天：我来自乌鲁木齐，每个寒假我们家都会举行家庭聚会，大家围在一起跳新疆舞，特别开心。

小李：我来自哈尔滨，冬天的哈尔滨特别的美，也特别的冷。我们有各种颜色的冰灯，除了看冰灯之外，我们还会滑冰和滑雪。

主持人：那如果你们在家，你会选择什么方式休闲？

小西：因为大部分的时间都在外面上学，在家的时间比较短，跟父母交流的机会也比较少，所以我在假期里会经常跟父母聊天儿。

小王：我喜欢在家里一边喝绿茶，一边跟爷爷下中国象棋。

小天：我经常会在网上买各种各样的衣服。

小李：我们家有个很大的院子，院子里种着蔬菜，有空的时候就去除草。主持人你呢？

主持人：我啊，特别喜欢唱歌跳舞，所以放假的时候 KTV 是我最经常去的地方。希望大家有时间的时候，能和我一起唱一唱。谢谢大家！

生词

1	广播台	guǎngbō tái	N	boardcast station	
2	录播间	lùbō jiān	N	recording room	录音的房间
3	主持人	zhǔchí rén	N	program host	主持节目的人
4	话题	huàtí	N	topic	
5	休闲	xiūxián	V	have a leisure time	~时间/~活动
6	娱乐	yúlè	V	to entertain	
7	家乡	jiāxiāng	N	hometown	我的~
8	体育	tǐyù	N	physical training	
9	旅游	lǚyóu	V	to travel	
10	选择	xuǎnzé	N	the choice	
11	聚会	jùhuì	N	the party	
12	新疆舞	xīnjiāng wǔ	N	Hsinchiang Dance	新疆的舞蹈
13	冰灯	bīngdēng	N	ice lantern	用冰做的灯
14	滑冰	huábīng	V	to skate	
15	滑雪	huáxuě	V	to ski	
16	交流	jiāoliú	V	to communicate	和老师~了
17	聊天	liáotiān	V	to chat	和朋友~
18	象棋	xiàngqí	N	Chinese chess	下~
19	蔬菜	shūcài	N	vegetables	菜的总称
20	除草	chúcǎo	V	to weed	

专有名词

1	乌鲁木齐	Wūlǔmùqí	a western city in China; the capital city of XinJiang Uyghur Autonomous Region
2	哈尔滨	Hāěrbīn	a northern city in China; the capital city of HeiLongjiang province
3	KTV		Karaok TV

一、根据课文选择一个正确答案

1. 下面的运动中，不是体育运动的有（　　）

A. 打篮球　　B. 踢足球　　C. 游泳　　D. 除草

2. 小天的家乡，有什么特别的娱乐活动呢（　　）?

A. 旅游　　B. 滑雪　　C. 跳新疆舞　　D. 打篮球

3. 文中提到哪里的冰灯特别的漂亮（　　）

A. 南方　　B. 乌鲁木齐　　C. 哈尔滨　　D. 院子里

4. 喜欢喝茶下棋的是（　　）

A. 小西　　B. 小王　　C. 小天　　D. 小李

二、分组讨论

1. 你们国家的人，业余生活喜欢做什么?

A.

B.

C.

2. 你们觉得工作和业余生活，哪一个更重要? 为什么?

A.

B.

C.

阅读训练（一）——中国人特别喜欢看的运动

在中国，你知道人们特别喜欢看哪种运动吗？不是篮球，不是足球，而是乒乓球。

1904年，一个上海老板从日本买回10套乒乓球器材，乒乓球运动从此传入中国。自从1959年中国运动员容国团获得第一个世界冠军后，乒乓球运动在中国发展很快，并成为中国的“国球”。

乒乓球虽然很轻，但是它在中国人心中却是很重很重的。无论小学生、初中生、高中生和大学生，都喜欢在课间和课后打乒乓球；其他人也经常在休息的时候打乒乓球。

每到奥运会举行的时候，中国人都盼望着看到乒乓球比赛，因为他们能够欣赏到运动员的精彩表现。如果你认为中国人只喜欢自己国家的运动员，那你就错了。中国人也很喜欢看其他国家选手的比赛。

现在，中国人希望有更多的外国朋友打乒乓球，希望大家能够一起体会这个运动的乐趣。

（改写自朱勇主编的《好一朵茉莉花》）

生词

1	器材	qìcái	N	equipment
2	冠军	guànjūn	N	champion
3	盼望	pànwàng	V	to look forward to，expect

专有名词

1	容国团	Róngguótuán	人名，中国运动员

一、判断正误

1. 在中国，只有年轻人喜欢乒乓球运动。 （ ）
2. 1959年，乒乓球运动传入中国。 （ ）

3. 中国人只喜欢看自己国家的运动员比赛。 (　　)

二、根据文章选择正确答案

1. 乒乓球是从（　　）传入中国的。

   A. 英国　B. 韩国　C. 日本　D. 美国

2. “乒乓球虽然很轻，但是它在中国人心中却是很重很重的”这句话的意思是（　　）

   A. 中国的乒乓球很重　B. 中国人觉得乒乓球有点儿重

   C. 中国人觉得乒乓球重要　D. 很多中国人喜欢看乒乓球比赛

阅读训练（二）——姚明

中国人的骄傲——姚明

无论是在美国还是在中国，姚明都是一位很受欢迎的人物。他身高2米29，上海人，是原中国男子篮球队的主力中锋，2002年被NBA的休斯敦火箭队选中，2003—2008年连续六个赛季被选为NBA西部明星。姚明用优秀的体育技能，实现了很多人的梦想，更成为中国人的骄傲。

姚明不仅是一位优秀的运动员，还是一名老板，2009年7月成为上海大鲨鱼俱乐部老板。姚明感动中国的是他的社会责任感，在汶川地震、上海世博会等很多事情中都起到了积极的作用，让世界更加了解中国。

生词

1	骄傲	jiāo'ào	N	proud
2	受	shòu	V	to receive
3	欢迎	huānyíng	A	popular
4	连续	liánxù	Adv	continuously

续表

5	赛季	sàijì	N	season
6	明星	míngxīng	N	star
7	技能	jìnéng	N	skill
8	梦想	mèngxiǎng	N	dream
9	责任感	zérèn gǎn	N	responsability
10	地震	dìzhèn	N	earthquake
11	积极	jījí	A	positive
12	宣布	xuānbù	V	announce

专有名词

1	NBA		National Basketball Association 美国职业篮球联赛
2	休斯顿	Xiūsīdùn	Houston, the largest city in Texas
3	大鲨鱼俱乐部	Dàshāyú jùlè bù	the name of a club
4	汶川	Wènchuān	a place located in Sichuan province
5	世博会	Shìbóhuì	World Exhibition or Exposition

判断正误

1. 姚明的个子只有 2 米高。 (　　)
2. 姚明只在中国受欢迎，在美国不受欢迎。 (　　)
3. 姚明 2002 年被 NBA 的休斯顿火箭队选中。 (　　)
4. 姚明在汶川地震和上海世博会中都表现了社会责任感。 (　　)

阅读训练（三）——成龙

他出生在香港一个贫困家庭，很小就被家人送到戏班。那时，演戏是不太好的职业，只有穷苦人家，才会在戏班谋生。他在父亲的严格要求下认真练功，这一练就是十几年。

等到学有所成，戏曲行业却不受人欢迎了。当时，香港电影业正在迅速发展，但是男影星都帅气高大。个子不高、大鼻子、小眼睛的他，怎么在电影业发展呢？经人介绍，他成了一个临时演员。他演的第一个角色，居然是一具"死尸"。在那样的日子里，他没有不高兴，仍然勤奋好学。由于学得一身好功夫，为人好，几年下来，他慢慢开始演主角，小有名气。终于他主演了一部功夫电影，很好地表现了他的喜剧才能，获得成功。

他就是成龙（Jackie Chan）。

你看过成龙演的电影吗？你喜欢成龙吗？

（改写自《HSK（改进版）模拟试题集·HSK［中级］》）

生词

1	贫困	pínkùn	A	poor
2	戏班	xìbān	N	theatrical troupe
3	练功	liàngōng	V	to practice Kung Fu
4	戏曲	xìqǔ	N	a traditional opera
5	迅速	xùnsù	A	quickly
6	临时	línshí	A	temporary
7	角色	juésè	N	character
8	死尸	sǐshī	N	dead body
9	功夫	gōngfu	N	Kung Fu
10	主角	zhǔjué	N	main character
11	名气	míngqì	N	fame
12	成功	chénggōng	N	success

专有名词

1	香港	Xiānggǎng	N	Hongkong

练习

一、判断题

1. 成龙出生在香港一个富有家庭。 (　　)
2. 成龙只练了几年功。 (　　)
3. 成龙是演爱情电影出的名。 (　　)

二、问答题

1. 为什么成龙刚开始在电影业发展得不快？

2. 你认为，成龙是个什么样性格的人？

第5单元　交　通

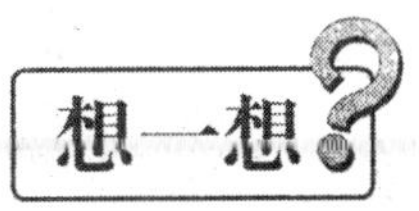

你看到中国有哪些交通工具?

短文阅读

北京很大，人很多，所以刚到北京，要知道北京人常用的交通工具。北京的交通工具主要有四种：公共汽车、地铁、出租车和私家车。

北京公交车很便宜，但是人很多，很挤。坐公交车要办一张公交卡，叫做“一卡通”。一卡通可以在地铁站、街边报刊亭买到。每次上下车要刷卡，票价是4角。

北京地铁是很便利的交通工具，每天从早5：00点到晚11：00点，地铁入口是灰色方形建筑，上面有“D”型标志。售票处在进站口，票价是 2 元，也可以使用公交“一卡通”刷卡，进站刷一次，出站刷一次，换乘不出站，不用花钱。北京地铁二号线是重要旅游景点的所在地和交通换乘站。

但最快的交通工具不是地铁，是出租汽车。在北京打车很方便，只要你告诉司机去什么地方，就能方便快速地到达。北京出租是从十元开始计费，比地铁和公交车都贵，但是比较舒适和方便。

北京的私家车越来越多，这使得交通更拥挤，所以政府决定开始减少汽车的数量，从 2010 年 12 月 23 日起，个人不能随便买汽车，要先申请，摇到号后才能买车。

生词

1	交通	jiāotōng	N	traffic	~方便
2	工具	gōngjù	N	vehicles	
3	私家车	sījiā chē	N	private car	自己家用的车
4	挤	jǐ	V	crowded	地方小，人很多，所以很挤
5	卡	kǎ	N	card	银行~

续表

6	刷卡	shuākǎ	V	pay by card	付钱的一种方法
7	便利	biànlì	A	facilitate	方便
8	建筑	jiànzhù	N	building	现代 ~
9	亭	tíng	N	kiosk	有顶没有墙的建筑
10	标志	biāozhì	N	sign	
11	站	zhàn	N	the station	公交 ~/地铁 ~
12	计费	jìfèi	V	billing	计算用了多少钱
13	换乘站	huànchéng zhàn	N	transfer station	可以换坐其他线路的站点
14	舒适	shūshì	A	comfortable	舒服的
15	拥挤	yōngjǐ	A	crowded	<书面语>地方小，人很多
16	数量	shùliàng	N	number	事物的多少
17	申请	shēnqǐng	V	to apply	提出请求
18	摇	yáo	V	to draw	~头/~号/~几下

专有名词

1	一卡通	Yìkǎtōng	N	card	北京市公交车和地铁都能用的一种卡

一、根据课文回答问题

1. 北京的交通工具主要有几种？（　　）

A. 一种　　B. 两种　　C. 三种　　D. 四种

2. 北京的哪种交通工具最便宜？

A. 地铁　　B. 公共汽车　　C. 出租车　　D. 私家车

3. 私家车是什么意思？

A. 自己家买的车　　B. 公共的车　　C. 偷的车　　D. 自行车

4. 北京的交通情况现在怎么样？

A. 很好　　B. 拥挤　　C. 一点儿也不挤　　D. 特别好

二、讨论 

1. 你们国家的交通情况怎么样？

2. 你认为应该怎样改善北京的交通问题？

阅读训练（一）——实用阅读

实用阅读（一）

■京沪间不同交通方式成本比较

交通方式	京沪高铁 时速 300 公里	京沪高铁 时速 250 公里	京沪线 动车组	京沪线 特快列车	京沪 民航	京沪 大巴车
票价	商务座 1750 元 一等座 935 元 二等座 555 元	一等座 650 元 二等座 410 元	硬座 327 元	硬座 179 元	经济舱 1130 元+50 元（机场建设费）+140 元（燃油附加费）	340 元
折扣	暂未公布	暂未公布	无	无	最低 3 折	无
运行时间	4 小时 48 分	7 小时 56 分	9 小时 49 分	13 小时	2 小时 10 分（飞行时间）+3 小时（城区到机场和候机时间）	12 小时

生词

1	商务座	shāngwù zuò	N	business base
2	硬座	yìnqzuò	N	hard seat
3	经济舱	jīngjì cāng	N	economy class
4	燃油	rányóu	N	petrol
5	附加	fùjiā	A	additional

专有名词

1	沪	Hù	N	上海的简称

一、填空

1. 坐京沪高铁最低要花________元，最高要________元。

2. 京沪线动车组运行时间为________，京沪线特快列车运行时间为________。

3. 京沪民航经济舱的票价为________（不包括机场建设费、燃油附加费）。

二、找找看

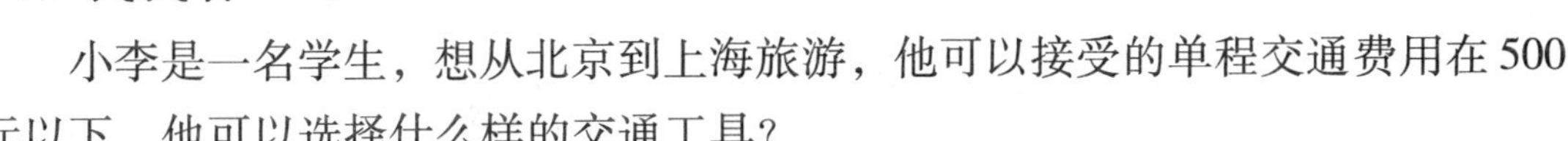

小李是一名学生，想从北京到上海旅游，他可以接受的单程交通费用在500元以下，他可以选择什么样的交通工具？

实用阅读（二）

如果你要从北京到长春，请在“百度”或 google 上搜索，找出能直达北京和长春之间的列车车次。

车次	全程始发	全程终点	列车类型	出发站	发车时间	目的站	到达时间	耗时	距离
1172/1173 次	太原	哈尔滨	普快	北京	03：37	长春	17：33	14 小时 12 分钟	1032 公里
T157/T156 次	泰州	哈尔滨	空调特快	北京	06：47	长春	15：11	8 小时 47 分钟	1003 公里

续表

车次	全程始发	全程终点	列车类型	出发站	发车时间	目的站	到达时间	耗时	距离
D21 次	北京	长春	动车组	北京	07：20	长春	13：40	6 小时 20 分钟	1003 公里
1301 次	北京	满洲里	空调普快	北京	10：03	长春	02：03	16 小时 00 分钟	1155 公里
K265 次	北京	牡丹江	空调快速	北京	12：38	长春	00：43	12 小时 05 分钟	1003 公里
K339 次	北京	佳木斯	空调快速	北京	12：51	长春	01：40	12 小时 49 分钟	1003 公里
D27 次	北京	哈尔滨	动车组	北京	13：50	长春	20：10	6 小时 20 分钟	1003 公里
T271 次	北京	吉林西	空调特快	北京	19：10	长春	04：33	9 小时 23 分钟	1003 公里
T59 次	北京	长春	空调特快	北京	20：52	长春	06：10	9 小时 18 分钟	1003 公里
Z61 次	北京	长春	空调特快	北京	22：40	长春	06：30	7 小时 50 分钟	1003 公里
K39 次	北京	齐齐哈尔	空调快速	北京	23：00	长春	12：08	13 小时 08 分钟	1167 公里

请查找

1. 北京到长春最快的车次是________________。
2. 如果要中午从北京出发到佳木斯，应该坐________次列车。
   如果要中午时间到长春，应该坐________次列车。

阅读训练（二）——笑话

赶　车

都晚上9点了，妹妹打来电话说："刚才太丢人了。"我急忙问她怎么了，她说："哎呀，是这样的，我们7点半了才下班。我着急回家，就打了辆出租车。车开到半路，我看见了路过我家的公交车，就想着不如坐公共汽车，能少10多元呢。于是我就让司机师傅快点儿开到站台旁，我好去赶那辆公交车。"

听到这儿，我问了句"然后呢?"妹妹继续给我讲："没想到，就在我给司机付钱的时候，那辆公共汽车到站了。我着急地从出租车上跑下来，刚下车，脚下一软，摔倒了，一站台的人都看见了，真是不好意思。”

我听得哈哈大笑，妹妹接着说“姐，更不好意思的还在后头呢。等我爬起来，公共汽车也开走了，反倒是出租车司机关心地问了我一句：“您还走吗？”

（改编自《京华时报》2011 年刘艳霞的《赶车》）

生词

1	不好意思	bùhǎoyìsi		to feel embarrassed	我请刚认识的女孩吃饭，她 ~ 地点了点头
2	丢人	diūrén	V	to be ashamed of	因为做了一些没想到的事而感到不好意思
3	摔倒	shuāidǎo	V	to fall over	

二、选择题

1. 妹妹坐出租车比坐公交车多花________元

   A. 5 ~ 10 元　B. 10 ~ 20 元　C. 20 ~ 30 元　D. 5 元以下

2. 妹妹今晚是________点下班？

   A. 9 点　B. 7 点　C. 8 点　D. 7 点半

3. 妹妹今晚最有可能坐什么车回家？

   A. 出租车　B. 自行车　C. 地铁　D. 公共汽车

4. 公共汽车刚到站时，妹妹（　　）？

   A. 刚上出租车　B. 在站台等车

   C. 正付钱给出租车司机　D. 摔倒了

三、问答题

1. 妹妹今晚赶车，为什么觉得特别不好意思？

2. 生活中有什么事情让你不好意思？

阅读训练（三）——北京的交通问题

现在，全世界的人都很重视交通拥挤的问题。由于北京的人口多，私家车也多，交通拥挤的问题很严重。最常见的例子，就是上下班时间的堵车现象。堵车，不但污染了环境，而且还浪费了大家很多的时间。

怎么解决交通拥挤的问题呢？几个外国留学生提出了自己的建议。英国学生小文说："改善公共汽车和地铁的乘车环境，让更多的人选择坐公共汽车或者地铁。"韩国学生金连说："多建公共汽车的专用道路，这样会减少高峰时期的拥挤问题。"日本学生平凉说："解决堵车的方法是错开上下班的时间，比如日本的学校和公司一般都早上8点到9点开始上班，高峰时间大约是7：30—8：30，所以我的高中学校7：30开始上课，让学生躲开高峰时间上学。"多采用一些方法，就可以减轻上下班时间交通的压力。

如果每个人都遵守交通规则，平常的时候多坐公交车或者地铁，那么，北京的交通问题会变得好一些。

生词

1	重视	zhòngshì	V	to attach importance to; to pay attention to	把……看得很重要
2	严重	yánzhòng	A	serious	情况急
3	堵车	dǔchē	N	traffic jam	道路很挤，车走不动
4	污染	wūrǎn	V	to pollute; contaminate	
5	解决	jiějué	V	to solve	~问题/~困难
6	浪费	làngfèi	V	to waste	~时间/~水
7	改善	gǎishàn	V	to improve	向好的方向改变
8	环境	huánjìng	N	environment	

续表

9	减少	jiǎnshǎo	V	to reduce	由多到少的变化
10	建议	jiànyì	N	suggestion	提出自己的意见
11	高峰	gāofēng	N	peak	早晨八九点钟是上班～时间
12	错开	cuòkāi	V	to stagger	不在同一时间进行
13	遵守	zūnshǒu	V	to observe	按照要求或者规则去做

一、根据课文选择一个正确答案

1. 北京什么时候堵车最严重？

   A. 晚上睡觉时间　　B. 上下班时间

   C. 下午 14：00　　D. 晚上 21：00 后

2. 造成北京交通拥挤的原因是哪些（　　）

   A. 人口多　　B. 私家车多

   C. AB 都有　　D. 大家都遵守交通规则

3. 哪一种不是文中提到的解决交通拥挤问题的方法（　　）

   A. 改善乘车环境　　B. 建专用道路

   C. 错开高峰时间　　D. 增加私家车数量

二、讨论 

文中有哪些国家的留学生提出了建议？你同意哪个学生的意见？为什么？

补充阅读——诗歌

公交车

公交车，真方便，
上学下班带人全。

上车请您排好队，
一个一个别怕烦。
下车请您慢慢走，
不推不挤保安全。

第 6 单元　环境保护

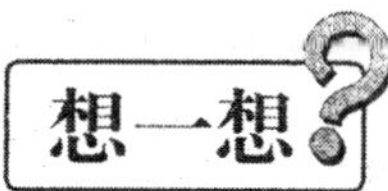

你愿意去保护环境吗？

在你的国家，人们都怎样保护环境？

短文阅读

现在，越来越多的人开始认识到环境保护的重要性。因为如果我们不重视环境保护，大自然就会报复我们。所以，保护环境已经成为每个公民的义务和责任。那么，我们应该怎样保护环境呢？

1. 不乱扔垃圾，把垃圾分开放。因为有的垃圾是可以回收利用的，这样就可以节约地球上的自然资源。

2. 鼓励低碳生活。比如，减少一次性筷子的使用，因为生产一次性筷子需要大量的树木，这样会破坏我们的森林；鼓励一周少开几次车，这样就能减少废气的产生，减少空气污染。

3. 多种花，种草，植树。花草树木不仅能使我们的环境更加美好，而且还能够保护土地。

4. 平时要注意节约用水、用电、用纸，这样可以保护许多珍贵的水资源和矿产资源。

总之，环境保护要靠我们大家来努力，从我们身边的小事做起，来美化我们的生活。

生词

1	环境保护	huánjìng bǎohù		environmental protection
2	认识	rènshi	V	to recognize 从不知道到知道
3	重要性	zhòngyàoxìng	N	importance
4	自然	zìrán	N	nature
5	报复	bàofù	V	to revenge
6	义务	yìwù	N	obligation
7	责任	zérèn	N	responsibility
8	垃圾	lājī	N	garbage
9	回收	huíshōu	V	to recover and put back to use；recycle
10	节约	jiéyuē	V	to save
11	资源	zīyuán	N	resources
12	鼓励	gǔlì	V	to encourage
13	低碳	dītàn	A	low-carbon
14	一次性	yícìxìng	A	disposable；once only
15	破坏	pòhuài	V	to destroy
16	森林	sēnlín	N	forest
17	废气	fèiqì	N	waste gas 有害气体
18	珍贵	zhēnguì	A	precious
19	矿产	kuàngchǎn	N	mineral
20	总之	zǒngzhī	Conj	generally
21	美化	měihuà	V	to beautify

练习

一、根据课文选择一个正确答案

1. 课文中没有提到的环境保护方法是（　　）

A. 垃圾分类　　　　B. 低碳生活

C. 种植花草　　D. 不吃肉

2. 下列答案中，哪一个不是低碳生活的例子？（　　）

A. 每天都开车　　B. 坐地铁上班

C. 乘公交车上学　　D. 不使用一次性筷子

3. 种花种草对自然环境的好处是（　　）？

A. 保护土地，美化环境　　B. 个人爱好

C. 卖花挣钱　　D. 保护动物

二、说一说

1. 你知道哪些垃圾可以回收？

A. 废纸

B. ________　　C. ________　　D. ________

……

2. 保护环境是每个人都应该做吗？为什么？

3. 你和家人及朋友们是怎样保护环境的？

A. 买东西的时候多用布袋，少用塑料袋，能保护环境。

B. ________________________________

C. ________________________________

D. ________________________________

阅读训练（一）——环保征文第一名

在一次关于环境保护的征文活动中，因为奖金特别高，所以参加的人非常多。其中，很多人的文章写得很好，但让人吃惊的是，得到第一名的却是一个中学生。

那只是一篇一般的文章，为什么能得到第一名呢？一位工作人员说："他的文章也许不是最好的，但是，在所有的人中，只有他一个

人的文章是双面打印的。我们都知道，双面打印可以节约很多纸，而如果能节约4000张纸，就可以保护一棵树。所以，只有他才做到了环保！”

（选自朱勇主编《奇妙的中文》第20课）

根据上面的文章选择正确答案

1. 这次征文有很多人参加，因为（　　）

A. 征文是关于环境保护的　　B. 奖金特别高

C. 很多人的文章都写得好

2. 那个中学生的文章（　　）

A. 一般　　B. 很好

C. 最好

3. 中学生得到了第一名，是因为他（　　）

A. 文章写得最好　　B. 年龄很小

C. 做到了环保

4. 中学生的环保做法是（　　）

A. 双面打印文章　　B. 节约了4000张纸

C. 种了一棵树

阅读训练（二）——汶川地震

2008年5月12日，四川省汶川县发生了8.0级地震，这是新中国成立以来最严重的一次地震，又称“5·12汶川地震”。中国大部分地区都受到了地震的影响，以四川省最为严重。这次地震有69227人死亡，374643人受伤，失踪17923人。2008年5月19日14时28分起，中国人民为“5·12汶川地震”死去的人默哀3分钟并下半旗。2008年5月19日至21日也成为全国哀悼日。

生词

失踪	shīzōng	V	disappear
默哀	mò'āi	V	to observe silence to express mourning

专有名词

汶川	WènChuān	N	四川的一个县

一、选择题

1. “5·12 汶川地震”的震级为？（　　）

   A. 7.5　　B. 6.1　　C. 8.0　　D. 4

2. 2008 年 5 月 19 日，中国为什么要下半旗？（　　）

   A. 因为那天国旗坏了　　B. 因为汶川地震，死了很多中国人

   C. 因为中国人那天不工作　　D. 因为那天风很大

二、讨论

1. 在你的国家，有没有地震？如果有的话，地震是常常发生吗？

2. 如果地震来了，你会怎么做？

阅读训练（三）——沙尘暴（限时阅读）

这是一段中央电视台《焦点访谈》的节目，请大家在2分钟内读完短文。

昨天因为受西伯利亚冷空气的影响，内蒙古部分地区出现了大风、扬沙的天气，气温下降达到了6℃以上。其实春天来了，大家应该高兴，但是很多城市的人都在担心，春天来了，春风在吹拂大地的时候，可能还会有沙尘暴。沙尘暴的确是挺让人讨厌的，这种天气也的确是挺让我们害怕的，那么为了防止这样天气的到来，我们不能只是怕，还应该行动。比如说，春天到了，不要吃柳树芽什么的，希望这些事不要再发生了。大家多种点树，多做点绿化工作，多爱护爱护环境！

（转写自孟国《原声汉语——中级实况听力教程》第6单元第1段）

生词

1	沙尘暴	shāchénbào	N	sandstorm 春天一种大风扬沙的特别坏的天气
2	气温	qìwēn	N	temperature
3	吹拂	chuīfú	V	to blow 指微风轻轻地吹过
4	大地	dàdì	N	earth，land
5	的确	díquè	Adv	indeed；really ~不错

续表

6	害怕	hàipà	A	afraid
7	防止	fángzhǐ	V	to prevent
8	芽	yá	N	the sprout
9	绿化	lǜhuà	V	to make green by planting trees; to afforest

专有名词

1	西伯利亚	Xībólìyà	Siberia
2	℃（摄氏度）	Shèshìdù	Centigrade

练习

一、请根据课文选择一个正确答案（请在 3 分钟内做完）

1. 昨天内蒙古部分地区的天气情况怎么样？
   A. 暖和　B. 春风吹拂　C. 风沙　D. 温和
2. 对于春天，现在很多的城市人是什么态度？
   A. 非常高兴　B. 很伤心　C. 有欢喜有担心　D. 讨厌
3. 现在，人们对沙尘暴的态度不包括下面哪一点？
   A. 恐惧　B. 讨厌　C. 不关心　D. 担心
4. 面对沙尘暴，现在哪种做法不正确？
   A. 种树　B. 种草　C. 多做绿化工作　D. 吃柳树芽儿

二、讨论

1. 人们为什么害怕“沙尘暴”这样的坏天气？

2. 为什么会出现“沙尘暴”？

第7单元　性　格

你自己是什么样性格的人？

短文阅读

如果你在找对象，除了考虑对方的工作、家庭以外，你希望对方是个什么样性格的人呢？

每个人的性格都是不相同的，比如：有的人性格内向，不太喜欢跟别人交流；有的人性格外向，能交许多朋友；有的人性格温柔，不喜欢和别人争论；有的人很善良，不愿意伤害任何人和动物；也有的人，喜欢找别人的问题；或者性格急躁，做事没有耐心，等等。

实际上，很多时候一个人具有的性格不只一种，而是多种性格的集合，所以很难说一个人的性格是好还是坏，但是我们可以判断两个人的性格合得来还是合不来。这种判断在结婚的时候，是特别重要的，因为两个要一起生活很久的人，如果性格不合将会是一件很痛苦的事情。

也许每个人的性格中，都有某些无法让人接受的部分，再美好的人也一样，所以不要过高地要求别人，这样才能够快乐。

生词

1	性格	xìnggé	N	character	
2	对象	duìxiàng	N	boyfriend or girlfriend	男朋友或女朋友

续表

3	考虑	kǎolǜ	V	to consider	好好想一想
4	伤害	shānghài	V	to hurt	
5	内向	nèixiàng	A	introversive	不喜欢说话的
6	外向	wàixiàng	A	exoscopic	喜欢说话的
7	温柔	wēnróu	A	tender	
8	争论	zhēnglùn	V	to argue	
9	善良	shànliáng	A	kind-hearted	
10	急躁	jízào	A	quick-tempered	性格很容易着急、生气
11	耐心	nàixīn	N	patience	
12	不只	bùzhǐ	Conj	not only	
13	集合	jíhé	N	congregation	
14	判断	pànduàn	V	to judge	
15	某些	mǒuxiē	A	certain; a few	
16	部分	bùfen	N	part	

练习

一、根据课文选择一个正确答案

1. 课文中提到什么性格的人没有耐心？（ ）

   A. 内向　　B. 外向　　C. 善良　　D. 急躁

2. 结婚后，性格不合会很（ ）。

   A. 幸福　　B. 痛苦　　C. 高兴　　D. 快乐

3. 关于性格，下列哪种说法正确？（ ）

   A. 很多时候一个人具有的性格不只一种

   B. 一个人只有一种性格

   C. 外向的人性格不好

   D. 耐心的人性格不好

4. 下面哪种性格不讨人喜欢？（ ）

   A. 善良　　B. 温柔

   C. 喜欢找别人的问题　　D. 稳重

二、说一说

1. 你在找对象时，会考虑什么？请用下面的词语帮助你表达。

A. 工作/家庭/性格	B. 也许
C. 结婚	D. 除了……以外……
E. 再……也……	F. 交流
G. 不只	

2. 你觉得哪些因素会对性格产生影响？

A.

B.

C.

3. 你喜欢和什么样性格的人交朋友？

阅读训练（一）——自己创造快乐（限时阅读）

请大家在2分钟内读完短文，不要查词典。

有一个电视节目请来了一位不一般的老人，他讲的话完全是没有准备的，当然更没有提前表演过，可听起来总是特别合适又特别好笑，人们都笑翻了，非常喜欢他。

最后，有人忍不住问这位老人为什么这么快乐："您一定有什么特别能让自己快乐的方法吧？"

"没有。"老人回答道，"我没有什么了不起的方法，我保持快乐的方法非常简单，每天当我起床的时候我有两个选择——快乐和不快乐。我可以快乐，也可以不快乐，而时间却是一样的，我当然会选择快乐，这就是我的方法。"

这个回答听起来好像很简单，但是他的意思和林肯（Lincoln）总统说过的一样：人们的快乐不过就跟他们的决定一样。如果你想要不快乐，就可以不快乐，你可以告诉自己所有的事都不顺心，没有什么是让人满意的，这样，你一定不会快乐。但是，要是你想快乐，那就告诉自己："一切都进行得很好，生活过得很好，我选择快乐。"那么，你就一定会发现生活真的变得很快乐。

是谁决定你快乐还是不快乐？不是生活，是你自己！

（选自《汉语阶梯快速阅读》第十课）

根据上面的短文选择正确答案（请在3分钟内做完）

1. 对于老人，哪种说法正确？

   A. 老人演过电影　　B. 老人生病了

   C. 老人讲的话既合适又好笑　　D. 老人很讨厌

2. 老人为什么这么快乐？（　　）

   A. 他假装快乐　　B. 他选择快乐

   C. 他什么事情都很顺心　　D. 他从别人那里得到快乐

3. 谁能决定你是否快乐？

   A. 现实　　B. 自己　　C. 亲人　　D. 朋友

阅读训练（二）——趣味短信

如果你感到心里不舒服，请拨打我的电话：谈感情请按1，谈工作请按2，谈人生请按3，给我介绍对象请按5，请我吃饭请直说，找我借钱请挂机。

生词

1	短信	duǎnxìn	N	short message
2	挂机	guàjī	V	hang up the phone

一、请选择一个正确答案

1. 课文里的这个人的性格很________。

A. 幽默（humor） B. 悲观 C. 大方 D. 温柔

2. 课文里的这个人不喜欢别人________。

A. 跟他谈人生 B. 给他介绍对象 C. 请他吃饭 D. 找他借钱

二、说一说

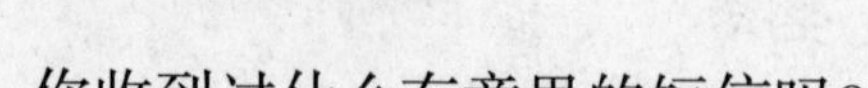

你收到过什么有意思的短信吗？请谈一谈短信的内容。

阅读训练（三）——星座与性格

（1）你的生日是几月几号？查一查你是什么星座？

星 座	Constellation	出生日期
白羊座	Aries	3月21日~4月19日
金牛座	Taurus	4月20日~5月20日
双子座	Gemini	5月21日~6月21日
巨蟹（xiè）座	Cancer	6月22日~7月22日
狮子（shīzi）座	Lion	7月23日~8月22日
处女座	Virgo	8月23日~9月22日
天秤座（tiānchèng）	Libra	9月23日~10月23日
天蝎（xiē）座	Scorpio	10月24日~11月22日
射手座	Sagittarius	11月23日~12月21日
摩（mó）羯（jié）座	Capricorn	12月22日~1月19日
水瓶座	Aquarius	1月20日~2月18日
双鱼座	Pisces	2月19日~3月20日

（2）什么星座最好？

什么星座最好，这个不好说，因为每个星座都有自己的特点。

一般来说，白羊座的人易冲动，脾气大，但心地善良。

而金牛座的人沉稳，幽默，认真做事，保守又很固执。

双子座的人多变化，聪明，主意很多，但一般都比较花心，永远像个长不大的小孩儿。

巨蟹座的人给人的感觉很温暖，温柔善良，待人很亲切，但很没有自己的想法。

狮子座的人热情，有活力，阳光自信，很有领导才能，不过有点自大，没有安全感。

处女座的人聪明，喜欢追求完美，有很强的责任感，是十二星座里最细心的星座。

天秤座的人高贵，追求公平，善于和人交往，但遇事拿不定主意，喜欢逃避。

天蝎座很神秘，有很强的推理能力，性子比较冷，一般这个星座的人都有很强的占有欲。

射手座的人乐观，热情，爱冒险，很喜欢玩，追求自由，不过变化不定，自己有点儿管不住自己。

摩羯座严谨，沉稳，爱工作，很勤奋，有耐心，很单纯，不过很固执又少变化。

水瓶座的人个性很独特，热情的时候像火，冷的时候又像冰一样，创新是他们最大的特点，但遇事也拿不定主意。

双鱼座的人浪漫多情，很温柔，多愁善感，善良，但喜欢自己骗自己，不专心。

生词

1	冲动	chōngdòng	A	impulsive
2	脾气	píqi	N	temper
3	沉稳	chénwěn	A	calm
4	保守	bǎoshǒu	A	conservative
5	固执	gùzhí	A	stubborn
6	花心	huāxīn	A	fickle in love
7	亲切	qīnqiè	A	cordial

续表

8	热情	rèqíng	A	warm
9	自大	zìdà	A	arrogant
10	细心	xìxīn	A	careful
11	高贵	gāoguì	A	noble
12	逃避	táobì	V	to escape
13	神秘	shénmì	A	mysterious
14	推理	tuīlǐ	V	to deduce
15	占有欲	zhànyǒu yù		possessive desire
16	严谨	yánjǐn	A	rigorous
17	勤奋	qínfèn	A	diligent
18	独特	dútè	A	unique
19	创新	chuàngxīn	N	innovation
20	浪漫	làngmàn	A	romantic
21	多愁善感	duōchóushàngǎn		emotional and sensitive

一、讨论 

1. 三人一组，说一说每个人是什么星座，每个人的性格有什么特点？

2. 你认为星座和性格有关系吗？为什么？

二、动手写一写

请从下面两题中选择一道题，题目自己定：

（1）有人说“性格决定命运”，你认为这个说法有道理吗？

（2）通过一件事描写一个你熟悉的人的性格特点。

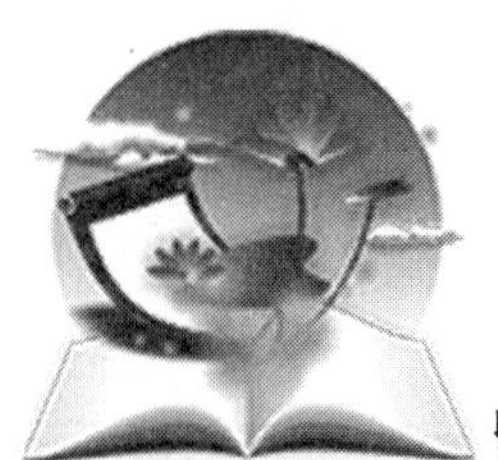

留学记事

美国人的性格比较坦率，他们勇敢，喜欢自由，想说什么就说什么。美国人还很喜欢管别的国家的事情，所以有人又把美国叫“世界警察”。

（美国　马丽）

第 8 单元　中国故事与歌曲

你听说过什么中国故事？

短文阅读

剧本阅读——白蛇的故事①

人物：

法海（Fǎhǎi，男，和尚）

路人（男）

许仙（Xǔxiān，男）

白素贞（Báisùzhēn，女）

儿子（许仙和白素贞的儿子）

小青（Xiǎoqīng，女）

佛陀（Fótuó）

第一幕

叙述者：

很久很久以前，有一个小孩子捉到一条白蛇。

路人：

我捉到了一条蛇，我要杀死它。

① 该剧本由 2009 年中央民族大学八班留学生谢芳清改编，曾立英老师修改而成。

小孩：

不要，它很可怜！

叙述者：

那条白蛇想以后报答这个救她的小孩子。

第二幕

叙述者：

白蛇——白素贞，和她的妹妹小青为了要变成人形，所以它们每天花很多时间坐禅，做很多好事。1000 年以后，白蛇和它的妹妹变成了两个漂亮的姑娘，那个救白蛇的小孩儿也转世成了另一个人，名字叫许仙。

（白素贞和小青在西湖游玩，突然下起大雨。有一个男人叫许仙，没带雨伞，所以她们想帮助他。）

小青：

姐姐，下雨了，那个书生没带雨伞，他就是以前救你的那个人，你要不要帮他？

白素贞：

当然！我们把雨伞给他吧，我们不用担心下大雨。

白素贞：

先生，雨下得这么大，请拿着这把伞回家吧！

许仙：

这，这可不行，那你们就没伞了！

白素贞：

不要紧，我们家离这很近很近。

许仙：

谢谢你的帮助，我怎么还给你们呢？

白素贞：

我明天中午 12 点到西湖边来取伞！

（白素贞和许仙，两个人都互相看着对方，然后他俩谈恋爱了）

音乐——《千年等一回》

第三幕

许仙：

白姑娘，我们认识没多久，但是我觉得我真的很爱你，你愿意嫁给我吗？

白素贞：

我愿意！

叙述者：

他们结婚以后，没多久白素贞怀孕了，他们两个生活得很幸福。

但是有一天有一个坏和尚叫法海，他讨厌人和蛇生活在一起，所以他一定要把他们分开。

法海：

白素贞，你是一条蛇，你不可以跟人结婚的。你必须离开！

白素贞：

我不要，请你让我们在一起吧！

法海：

不可能的！

白素贞：

但是我现在怀孕了。

法海：

好，我给你一点时间，直到你的孩子出生。孩子出生后你必须跟我一起走，必须离开你的丈夫。不然我就让你变成蛇！

（白素贞没有办法了，为了孩子，她答应了法海。）

白素贞（哭）：

好。

第四幕

叙述者：

孩子出生以后，白素贞告诉她的丈夫她和小青是蛇变的。他一开始又吃惊又害怕，但是后来他还是深爱他的妻子。

法海：

白素贞，你答应我了要离开你的丈夫。现在你还不快滚！

许仙：

不要抢走我的娘子！

叙述者：

白素贞刚生了孩子，所以她没有力气打败法海。

许仙：

娘子！！！！

白素贞：

相公！！！

（法海拉白素贞去雷峰塔，把她关在雷峰塔里面了。）

第五幕

法海：

白素贞，回到雷峰塔里去。你不准出去！

儿子：

妈，孩子来了，佛陀，请你原谅我的母亲吧。让我们一家人再团圆。

许仙：

娘子，我们来了。佛陀，请你让我们在一起吧。

叙述者：

佛陀感动了，所以佛陀把雷峰塔推倒了。

（小青和白素贞一起跟法海战斗，然后法海被打败了，法海变成了一只螃蟹）

白素贞：

儿子，相公，小青，你们来了。我终于可以跟你们在一起了。佛陀，真感谢你。相公！

许仙：

娘子，我们要永远在一起。

（他们两个手牵着手，谢幕）

生词

1	剧本	jùběn	N	play；drama	一部戏的文字内容
2	路人	lùrén	N	passerby	剧本中引出故事内容的不重要的人物
3	人物	rénwù	N	characters（in a play or novel）	
4	幕	mù	N	（of a play） act	
5	叙述	xùshù	V	to narrate	<书面语>讲
6	蛇	shé	N	snake	
7	可怜	kělián	A	poor	让人同情的
9	报答	bàodá	V	to repay	为帮过自己的人做一些好事
10	人形	rénxíng	N	humanoid	人的样子
11	坐禅	zuòchán	V	to sit in meditation	佛教的修行方式
12	救	jiù	V	to save	~人
14	恋爱	liàn'ài	V	to fall in love	谈~
15	讨厌	tǎoyàn	V	to dislike	不喜欢
16	怀孕	huáiyùn	V	be pregnant	
17	丈夫	zhàngfu	N	husband	
18	滚	gǔn	V	to get out	<贬义>让人离开
19	抢	qiǎng	V	to rob	~东西/~走
20	败	bài	V	to defeat	在比赛和战争中输了
21	团圆	tuányuán	V	to reunite	亲人都在一起
22	推	tuī	V	to push	~门/~开
23	牵	qiān	V	to pull	拉着，如~手

续表

24	谢幕	xièmù	V	to answer a curtain call	表演完了，演员向观众表示感谢
25	相公	xiànggōng	N	husband	古代妻子对“丈夫”的称呼

专有名词

1	法海	Fǎhǎi	一个和尚的名字
2	许仙	Xǔxiān	人名
3	白素贞	Báisùzhēn	人名
4	小青	Xiǎoqīng	人名
5	佛陀	Fótuó	Buddha
6	雷峰塔	Léifēngtǎ	地名

练习

一、请按剧本开头的人物表，分 7 人朗读这个故事

二、选择题

1. 白素贞是（　　）变的？
   A. 猫　　B. 白蛇　　C. 老虎　　D. 螃蟹
2. 许仙和谁谈恋爱了？（　　）
   A. 白素贞　　B. 小青　　C. 法海　　D. 路人
3. 法海为什么一定要把许仙和白素贞分开？（　　）
   A. 因为白素贞怀孕了　　B. 他讨厌人和蛇生活在一起
   C. 白素贞做了很多坏事儿　　D. 佛陀让法海这么做的
4. 当许仙知道了白素贞和小青是蛇变的以后，他________？
   A. 很害怕，离开了白素贞和小青　　B. 打死了白素贞和小青
   C. 找法海帮助　　D. 还是深爱他的妻子——白素贞
5. 最后，是（　　）把白素贞从雷峰塔里放了出来？
   A. 法海　　B. 白素贞的儿子　　C. 小青　　D. 佛陀

三、讨论

1. 上面的故事中，你认为哪些人物是好人？哪些人物是坏人？

2. 你喜欢故事中哪个人物？为什么？

3. 过节的时候，你们家人会团圆吗？

阅读训练（一）——《新白娘子传奇》歌曲

千年等一回

Qiān nián děng yì huí děng yì huí a
千 年 等 一 回 等 一 回 啊~~
Qiān nián děng yì huí wǒ wú huǐ a
千 年 等 一 回 我 无 悔 啊~~
Shì shuí zài ěr biān shuō ài wǒ yǒng bú biàn
是 谁 在 耳 边 说 爱 我 永 不 变
Zhǐ wèi zhè yí jù a ha duàn cháng yě wú yuàn
只 为 这 一 句 啊 哈~~断 肠 也 无 怨
Yǔ xīn suì fēng liú lèi yi
雨 心 碎 风 流 泪 噫~~
Mèng chán mián qíng yōu yuǎn yi
梦 缠 绵 情 悠 远 噫~~

Xī　hú　de　shuǐ　wǒ　de　lèi
西　湖　的　水　我　的　泪
Wǒ　qíng　yuàn　hé　nǐ　huà　zuò　yì　tuán　huǒ　yàn
我　情　愿　和　你　化　作　一　团　火　焰
A　ɑ　ɑ
啊～～　啊～～　啊～～
Qiān　nián　děng　yì　huí　děng　yì　huí　ɑ
千　年　等　一　回　等　一　回　啊～～
Qiān　nián　děng　yì　huí
千　年　等　一　回

注释

《千年等一回》是电视剧《新白娘子传奇》中的主题歌曲，这首歌表现了许仙和白素贞的爱情故事，20 世纪 80 年代开始在中国流行，一直传唱到今天。

生词

1	传奇	chuánqí	N	legend
2	无悔	wúhuǐ	V	不后悔
3	耳边	ěrbiān	N	耳朵旁边，指离得很近
4	断肠	duàncháng	V	形容非常伤心
5	无怨	wúyuàn	V	没有恨
6	缠绵	chánmián	A	不能解脱，多指感情
7	悠远	yōuyuǎn	A	长
9	噫	yī	Int	表示悲痛或叹息
10	情愿	qíngyuàn	V	自己心里愿意
11	化作	huàzuò	V	变化成
12	团	tuán	M	ball，用于成团的东西
14	火焰	huǒyàn	N	flame
15	主题	zhǔtí	N	theme

练习

一、跟着音乐试着唱这首歌

二、这首歌是写谁和谁的爱情故事的？

三、为什么这首歌的歌名叫《千年等一回》？

四、“爱我永不变”是什么意思？“西湖的水我的泪”是什么意思？

五、这首歌词的意思，你能够用自己的话表达出来吗？

阅读训练（二）——诗歌欣赏《沙扬娜拉》

Shā yáng nà lā
沙 扬 娜 拉

Zèng Rì běn nǚ láng
——赠 日 本 女 郎

xú zhì mó
徐 志 摩

Zuì shì nà yì dī tóu de wēn róu
最 是 那 一 低 头 的 温 柔，
Xiàng yì duǒ shuǐ lián huā
像 一 朵 水 莲 花，

Bú　shèng　liáng　fēng　de　jiāo　xiū
不　胜　凉　风　的　娇　羞，
Dào　yì　shēng　zhēn　zhòng，　dào　yì　shēng　zhēn　zhòng
道　一　声　珍　重，　道　一　声　珍　重，
Nà　yì　shēng　zhēn　zhòng　lǐ　yǒu　mì　tián　de　yōu　chóu
那　一　声　珍　重　里　有　蜜　甜　的　忧　愁——
Shā　yáng　nà　lā
沙　扬　娜　拉！

作者和诗歌简介

作者徐志摩（1897 ~ 1931 年），中国现代诗人，散文家。1918 年赴美国学习，1921 年赴英国留学，入剑桥大学，在剑桥大学的两年学习中，深受西方教育和欧美诗人的影响。

1924 年 5 月作者和印度诗人泰戈尔一起游历日本，于是作者写了《沙扬娜拉》这首诗，描写了日本女郎的温柔，表达了不愿离别的感情。

生词

1	沙扬娜拉	shāyángnàlā	V	日语さようなら“再见”的意思
2	女郎	nǚláng	N	young woman；maiden 年轻的女人
3	莲花	liánhuā	N	lotus
4	不胜	búshèng	V	can’t bear　如“~酒力”
5	娇羞	jiāoxiū	A	shy
6	道	dào	V	say 说
7	珍重	zhēnzhòng	N	take good care of yourself
8	蜜甜	mìtián	A	sweet
9	现代	xiàndài	A	modern
10	影响	yǐngxiǎng	N	influence

专有名词

1	剑桥大学	Jiànqiáo Dàxué	University of Cambridge
2	印度	Yìndù	India
3	泰戈尔	Tàigē'ěr	Tagore　印度诗人

练习

一、背这首诗

二、讨论

1. 说说这首诗中描写的女子是哪个国家的人？"沙扬娜拉"是什么意思？

2. 猜一猜，作者是在什么时候，跟这位女郎说"沙扬娜拉"？

3. 你能查一下资料，介绍一下作者——徐志摩的经历吗？

阅读训练（三）——塞翁失马

人物：

塞翁（Sàiwēng，男）

塞婆（Sàipó，女，塞翁的妻子）

儿子（男）

医生

邻居李大姐

邻居张大妈

第一幕

一个阳光很好的早上

镜头一：一个阳光很好的早上，塞翁的儿子到马棚里去喂马，发现马不见了。

儿子：（着急）妈！妈！快来啊，马不见了，快来啊。

（塞婆过来发现马真的不见了。）

塞婆：（大哭）啊！不会吧，呜呜……我的马呀，这可怎么办呀？呜呜……

儿子：（无奈）妈，您别哭了，我去找找吧。

镜头二：邻居们听见塞婆的哭声，纷纷赶了过来。塞翁也起来了。

邻居 A：大妈，别哭了，马丢了，再买吧，可别急坏了身子。

塞婆：（更伤心）我哪来的钱呀，这马可是我家唯一的财产。

塞翁：（笑）老婆，别哭了，这说不定是件好事呢。

第二幕

镜头一：几个月过去了，这天，那匹马居然回来了，还带回来一匹好马。

几个月过去了

塞婆：（高兴又激动）太好了，太好了，我的宝贝，你终于回来了。哟，还带了个朋友呢，真是太好了。

镜头二：邻居们听到欢呼声，也过来瞧热闹。

邻居B：嗬！天下竟有这样的好事，马丢了能回来也就罢了，还带一匹回来，太稀奇了。塞婆，恭喜啊。

塞婆：（特别兴奋）是啊，是啊，你们瞧，带回来的这匹马多好啊！

（邻居们摸着这匹马的毛，不住地称赞。）

邻居A：啊！这匹马身子这么白，长得这么漂亮，真是百里挑一啊。

塞婆：（大笑）呵呵，是啊！瞧我家的马多有魅力啊！

（塞翁背着手走了过来。）

塞翁：（不紧不慢）谁知道这不会变成一件坏事呢？

邻居B：（不明白的样子）啊？

第三幕

镜头一：一天下午，塞翁的儿子突然想骑马。

儿子：（大喊）爸！爸！我骑马去了。

塞翁：（不在意）好啊！注意安全！

镜头二：儿子骑上马。

儿子：（唱）马儿哟，你快些跑，快些跑……

镜头三：儿子骑着马跑，碰到了一个水缸，马一下子摔倒了，儿子也摔了下来。

儿子：哎呀！哎呀！我的腿！疼啊！疼死我了！哎哟！

（邻居李大姐、张大妈赶紧跑过来，只见那小子躺在地上，疼得没办法。）

邻居 A：（着急地）塞翁，塞婆，快来呀，你儿子摔伤了。

塞婆：（大哭）儿子呀，你这是怎么啦？你要是有什么不好的事情，我也不活了。

邻居 B：快去请医生吧！

医生：塞翁，你儿子命是保住了，这条腿恐怕是瘸了。

塞翁：（平静）不急，说不定是件好事呢。

第四幕

过了一年时间，北方的部落大举入侵

镜头四：过了一年时间，北方的部落大举入侵塞内，青年男子都被抓去当兵，这些被抓的人十个有九个死于战场。

儿子：我的好朋友张三、李四都死了，真伤心！

塞翁：你要是腿不瘸，也活不了。

生词

1	邻居	línjū	N	neighbor
2	镜头	jìngtóu	N	shot；scene
3	马棚	mǎpéng	N	stable
4	发现	fāxiàn	V	discover
5	无奈	wúnài	V	to have no choice 没有办法
6	唯一	wéiyī	A	only 只有这一个
7	财产	cáichǎn	N	property
8	居然	júrán	Adv	unexpectedly 没想到
9	热闹	rènào	N	fun 有趣的人或事
10	稀奇	xīqí	A	unusual and seldom seen
11	毛	máo	N	hair
12	称赞	chēngzàn	V	praise 说东西的优点
13	百里挑一	bǎilǐtiāoyī		从一百个里找出一个，形容非常好
14	魅力	mèilì	N	glamour
15	水缸	shuǐgāng	N	a water vat
16	瘸	qué	V	be lame
17	部落	bùluò	N	tribe
18	入侵	rùqīn	V	to invade
19	战场	zhànchǎng	N	battlefield 战争发生、进行的地方

专有名词

1	塞翁	Sàiwēng	人名
2	塞婆	Sàipó	人名
3	塞内	Sàinèi	中国长城以内的地方

一、表演练习

请 7 人分别朗读这个故事，分别表演塞翁、塞婆、儿子、医生、邻居 A、邻居 B、马等 7 个角色。

二、说一说 

1. 塞翁的马在故事开头时，怎么样了？塞婆是什么表现，塞翁说了一句什么话？

2. 后来马又回来了，塞婆、邻居都说些什么？塞翁说了一句什么话？

3. 儿子骑马摔坏了腿，塞婆是什么心情，塞翁认为这是一件坏事吗？为什么？

4. 读完这个“塞翁失马”的故事，你觉得塞翁是怎样的一个人？

5. 你的生活中有没有像“塞翁失马”一样的故事？讲给我们大家听听。

第9单元　食品安全

短文阅读——我们还能吃什么？

中国有句老话："民以食为天"。这句话的意思是对人民来说，吃是最重要的。但是，最近这几年不断出现的食品安全问题，影响了人们的正常生活。

有些商家会在食物里加入一些添加剂，危害人的身体健康；有些商家会生产一些"三无"商品，这些商品无生产日期，无质量合格证，无产地；还有一些小作坊，生产环境特别糟糕。人的食物，大概可以分为四类：粮食、蔬菜、饮料、保健品，这四类食物都出现过安全问题。这些有安全问题的食品，可能会让人食物中毒，甚至会导致人们死亡。

从粮食到蔬菜，从饮料到保健品，危害越来越大。我们根本离不开食物，但究竟我们现在能吃什么呢？

生词

1	老话	lǎohuà	N	proverb	
2	最近	zuìjìn	Adv	recently	~几天
3	出现	chūxiàn	V	appear	
4	危害	wēihài	V	harm	~健康
5	生产	shēngchǎn	N	production	

续表

6	大概	dàgài	Adv	probably	大约
7	类	lèi	N	category	
8	中毒	zhòngdú	V	poisoning	
9	甚至	shènzhì	Adv	What's more；even	
10	死亡	sǐwáng	V	death	死
11	根本	gēnběn	Adv	fundamentally	
12	究竟	jiūjìng	Adv	exactly	

补充词汇

13	添加剂	tiānjiājì	N	additives
14	生产日期	shēngchǎn rìqī	N	production date
15	质量合格证	zhìliàng hégézhèng	N	certification of quality

一、根据课文内容回答问题

1. “民以食为天”是说食物对人们来说，怎么样？
   A. 非常重要　B. 不太重要　C. 比较重要　D. 根本不重要
2. 最近这几年，出现食品安全的问题了吗？
   A. 总是出现　B. 出现得很少　C. 天天出现　D. 根本没出现
3. 人的食物大概分为几类？
   A. 四类　B. 三类　C. 两类　D. 五类
4. “三无”商品没有的东西不包括哪一个？
   A. 生产日期　B. 产地　C. 质量合格证　D. 保质期
5. 吃了这些不安全的食品，会有哪些问题？
   A. 食物中毒　B. 死亡　C. A 和 B　D. A、B 都不会
6. 作者认为，现在我们能吃什么食物呢？
   A. 什么都不能吃　B. 什么都可以吃
   C. 有的能吃，有的不能吃　D. 能吃的比不能吃的多

二、选词填空

根本	影响	危害	大概	出现

1. 有毒的食物给人们的身体带来很大的________。
2. 警察在小偷的家等了一个星期，小偷终于________了。
3. 外面雨下得很大，你________不可能现在从北京飞回上海去。
4. 爸爸的那句话一直对我有很大的________。
5. 雪不太厚，________昨天晚上开始就不下了吧。

三、讨论 

1. 你了解哪些食品安全问题？在你的国家，也有这样的问题吗？

2. 你觉得出现食品安全问题的原因是什么？

四、写作

请写一个你了解的食品安全事件，比如“毒奶粉”事件。

阅读训练（一）——染色馒头

最近温州市工商局在状元镇发现一家黑作坊，出售很多“染色馒头”。这个作坊环境非常差，地上都是泥，到处都是垃圾。工商局的工作人员没有在作坊里发现一颗玉米，但作坊出售的却是“玉米馒头”。

记者看到，桌子上放了一些瓶子，里面是一些色素，还有一些香精和糖精。那儿的一名女工说，这些都是和面时直接放进去的。"柠檬黄"、"玉米香精"和的面是用来做玉米馒头的；不加色素的面粉用来做白馒头，为了**增加**甜度和香度会加一些糖精和香精。女工说，加的多还是加的少，主要**靠**感觉。

工商局的工作人员**了解**到，作坊每天都会挣3000元左右。3月22日到4月14日，24天就卖出馒头大概19.48万个。

生词

1	工商局	gōngshāngjú	N	trade and industry bureau	
2	黑作坊	hēizuōfang	N	workshop that sales fakes	
3	出售	chūshòu	V	sell	卖
4	馒头	mántou	N	steamed bread	一种面食
5	泥	ní	N	mud	
6	玉米	yùmǐ	N	corn	
7	和面	huómiàn	V		用水把面揉成一团
8	直接	zhíjiē	Adv	directly	
9	增加	zēngjiā	V	increase	
10	靠	kào	V	by	
11	了解	liǎojiě	V	understand	知道

补充词汇

1	镇	zhèn	N	town
2	染色	rǎnsè	V	dyeing
3	色素	sèsù	N	pigment
4	香精	xiāngjīng	N	essence
5	糖精	tángjīng	N	saccharin

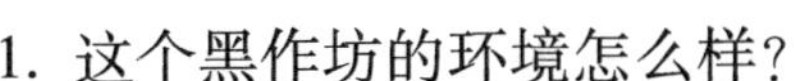

一、根据课文内容回答问题

1. 这个黑作坊的环境怎么样？
2. 为什么说这个黑作坊卖的馒头是"染色馒头"？

3. 这个黑作坊能挣很多钱吗?

二、讨论 

请谈一谈你们国家的食品安全情况。

阅读训练(二)——食品安全顺口溜

开店首先证照全，无证无照是黑店。
干净卫生最重要，环境不好怎安全?
食品应该标产地，三无食品不可买，
一分价钱一分货，价钱太低莫相信。
购买食品看质量，生产日期看仔细，
也要注意生产地，千万不要太大意。
干净整洁又放心，购物选择大商场。
最好选择大品牌，质量保证少风险。

一、找一找

1. 黑店是指无________无________的店。
2. 不________不________的黑店不安全。
3. ________食品不能买。
4. 不能相信________的食品。
5. 买食品要注意看：________、________、________。
6. 购物最好选择________，因为这样的地方________很好。

二、活动

1. 去一家餐馆吃饭，注意看一下这家餐馆是否有营业执照，环境怎么样?

2. 去商店买一个东西，注意看生产日期、保质期、质量合格证、生产厂家。

阅读训练（三）——食品安全标识

“QS”标志

“QS”是英文“Quality Safety”的缩写，意思是“质量安全”，说明食品符合质量安全的要求。米、面、油、酱油、醋的加工食品，肉制品、乳制品、饮料、方便面、饼干、罐头等必须有“QS”标志才可以出厂出售。

无公害农产品标志

无公害农产品标志图案由麦穗、对勾和“无公害农产品”的字组成。麦穗代表农产品，对勾表示合格，金色表示丰收，绿色表示环保和安全。

无公害农产品重视安全性，是进入市场的最基本的标准，普通食品都应该符合这个要求。

绿色食品标志

“绿色食品”是说与环境保护有关的食物，是为了突出这类食物与良好的环境有关，绿色食品的级别比“无公害农产品”高。

有机食品标志

“有机食品”包括粮食、蔬菜、水果、奶制品、水产品等。这类食品在生产加工过程中不可以使用农药和添加剂。对生产环境和品质有很高的要求，是更高标准的安全食品。现在，在我国还非常少。

（《专家教你识别食品安全标识》，2010 年 3 月 30 日《信息时报》）

讨论

1. 说说这四种食品分别有什么特点？

2. 找到一些绿色食品、质量安全的食品、有机食品、无公害农产品。

第 10 单元　爱情与婚姻

短文阅读——变化的爱情观

爱情与婚姻，无论何时何地，都是人们讨论的焦点。然而随着时代的发展，人们的爱情观与婚姻观也在发生着变化。

在中国的 20 世纪二、三十年代，几乎不存在自由的恋爱，婚姻大事不能由自己来决定。中国人重视“门当户对”，家庭背景、个人情况相差悬殊的人是不太可能组成一个家庭的。因此婚姻大事或者由父母包办，或者依靠媒人的帮助，个人通常没有选择的权利。同时，“离婚”或者“婚外恋”这样的词在当时是不可想象的。

而如今，每个人都有自由恋爱的权利，结婚也不存在太多的限制，但现在的婚姻不再那么单纯，有了爱情以外的其他一些因素。这样一来，离婚率增加了，“婚外恋”也屡见不鲜。同时，很多现代人都不再对婚姻充满向往，他们认为单身生活也同样精彩。

生词

1	焦点	jiāodiǎn	N	focus；main issue	
2	随着	suízhe	Prep	along with；in pace with	
3	发展	fāzhǎn	N	development	~经济
4	爱情观	àiqíngguān	N	view of love and marriage	对爱情的看法

续表

5	门当户对	méndānghùduì	A	families of equal standing; be well-matched in social and economic status (for marriage)	男女经济、社会地位相当，适合结婚
6	包办	bāobàn	V	take sole charge of; usually means arranged marriage	~婚姻
7	依靠	yīkào	V	rely on	
8	权利	quánlì	N	right	
9	限制	xiànzhi	N	limit; restriction	
10	单纯	dānchún	A	pure; simple	很~/不~
11	因素	yīnsù	N	factor; element	
12	屡见不鲜	lǚjiànbùxiān		common occurrence; nothing new	很常见，所以不觉得奇怪

一、根据课文内容，选择下列词语的正确解释

1. 焦点——（　　）

   A. 人们很少讨论的话题或事物。　　B. 人们不喜欢讨论的话题或事物。

   C. 大家都关注的话题或事物。　　D. 人们非常喜欢的话题或事物。

2. 门当户对——（　　）

   A. 门和窗户对着　　B. 一对门和窗户

   C. 家庭背景差不多　　D. 家庭背景差别很大

3. 悬殊——（　　）

   A. 差别很大　　B. 没有差别　　C. 差别很小　　D. 不同

4. 屡见不鲜——（　　）

   A. 很新鲜　　B. 很少能看到，觉得很新鲜

   C. 总发生，不新鲜　　D. 根本见不到，觉得很新鲜。

5. 向往——（　　）

   A. 好奇　　B. 不满　　C. 希望　　D. 兴趣

二、根据课文内容选择正确答案

1. 爱情与婚姻：（　　）

   A. 人们根本都不会讨论这个话题　　B. 人们会选择时间和地点进行讨论

   C. 人们总会讨论这个话题　　D. 有些人会讨论这个话题

2. 从第二段我们知道：（　　）

   A. 婚姻大事是可以自己做决定的。　　B. 婚姻不存在父母的包办

   C. 人们结婚完全不需要媒人　　D. 人们通常没有选择对象的权利

3. “离婚”与“婚外恋”：（　　）

   A. 在过去的年代很少发生　　B. 在过去的年代总会发生

   C. 如今很少发生　　D. 如今是难以想象的

4. 如今的婚姻：（　　）

   A. 只要有爱情，就有婚姻　　B. 只有爱情这一个因素

   C. 会受到特别多的限制　　D. 不再那么单纯

5. 下面哪一句话不符合文章的内容？（　　）

   A. 单身的人还是可以活得很精彩

   B. 无论是过去还是现在，人们都对婚姻充满向往

   C. 如今的离婚率比六、七十年代的低

   D. “婚外恋”在六、七十年代难以想象

三、讨论

1. 在你们国家，人们的爱情观和婚姻观是什么样的？发生变化了吗？为什么？

2. 你的爱情观、婚姻观是什么样的？

阅读训练（一）——爱情·筷子

男人是一根筷子，女人是一根筷子，两根筷子被握在一起，成为

一双筷子，那就是爱。

一双筷子，必须心往一处想，力往一处使，才能把美好的日子夹起来，轻松送进我们的口中。

筷子有很多种，有竹制的，也有木制的；此外还有金制的、银制的。人也一样，有文化和性格的不同。一根筷子太长，一根筷子太短，不行；一根筷子太粗，一根筷子太细，也不行。看看自己是怎样一根筷子，也许可以帮助你在茫茫人海中，尽快找到自己的另一半。

有一种筷子，叫方便筷。这种筷子，简单、粗糙，是一次性的。这种筷子，与爱情无关。

爱情之所以像一双筷子，最根本的一点是，他们之间谁也离不开谁，为了生活，永远不分开。这不正是美好爱情的共同特点吗？

生词

1	握	wò	V	to hold; to master; to grasp	~手/~住
2	夹	jiá	V	to get hold of	~菜
3	轻松	qīngsōng	A	relaxed and gentle,; easily	
4	竹	zhú	N	bamboo	一种植物
5	茫茫人海	mángmáng rénhǎi		a lot of people	在很多人当中
6	尽快	jìnkuài	Adv	as soon as posible	
7	粗糙	cūcāo	A	rough and crude	
8	根本	gēnběn	A	fundamental	重要的
9	特点	tèdiǎn	N	feature; characteristic; trait	

一、根据短文内容回答问题

1. 本文认为相爱的男人和女人是什么？

A. 一根筷子　　B. 一双筷子　　C. 爱　　D. 两根筷子

2. “心往一处想，力往一处使”的意思是：

A. 用心，用力　　B. 努力地想办法

C. 每个人都有自己的理想，互相帮助　D. 向着同一个理想共同努力

3. 作者在第三段想说明什么？

A. 人和筷子不同

B. 人和筷子一样，有文化和性格上的不同

C. 筷子有很多不同的种类

D. 人要根据自己的情况，找到适合自己的"筷子"

4. 方便筷的哪一个方面不能说明它与爱情无关？

A. 方便　B. 粗糙　C. 一次性　D. 简单

5. 爱情为什么像一双筷子？

A. 相爱的男女在一起，成为筷子，这就是爱。

B. 一双筷子可以把东西夹起来。

C. 一双筷子是不分开的，永远在一起，就像美好的爱情。

D. 长短、粗细一样的筷子就像两个合适的人一样。

二、讨论 

1. 你觉得爱情像一双筷子吗？为什么？

2. 如果让你把爱情比喻成一个东西，你会比喻成什么呢？

阅读训练（二）——闪婚

在一切都在飞速发展的时代，婚姻的程序也变得更加便捷。如今，"闪婚"成为了未婚年轻人的一种时尚，像闪电一样相识，擦出像闪电一样的爱情火花，像闪电一样快速结婚。

"闪婚"的主要因素是"一见钟情"，现代"闪婚族"认为，当今社会，来自各方面的压力越来越大，人们要关注的方面也越来越多，花费大量时间和精力来经营爱情不值得。但即使"闪婚"节约了大量的时间，但互相缺乏了解会使这种爱非常脆弱，不符合婚姻的

基本规律和传统的观念。

一、根据课文内容判断正误

1. 如今婚姻的程序很复杂，办起来很麻烦。 （ ）
2. “闪婚”是未婚年轻人的一种时尚。 （ ）
3. “闪婚”是指结婚的那天有闪电。 （ ）
4. “闪婚族”很快地相识，并很快地结婚。 （ ）
5. “闪婚”的人都是因为对对方“一见钟情”。 （ ）
6. “闪婚”不仅可以节省经营爱情的时间，而且经营的爱情很坚固。 （ ）
7. “闪婚”的观念是不符合婚姻的基本规律的。 （ ）

二、讨论 

1. 你觉得“闪婚”有什么优点和缺点？

2. 你会接受“闪婚”吗？为什么？

阅读训练（三）——征婚广告

个人资料：

性别：女	居住地：北京
年龄：26 岁	学历：大学本科
身高：165cm	月收入：5000 元
血型：O 型	住房情况：无住房
体重：45 公斤	婚姻状况：离异
相貌自评：甜美	子女情况：无子女

对对方的要求：

性别：男	民族：不限
年龄：27－37 岁	月收入：不限
身高：175－185cm	住房情况：有住房
居住地：北京	婚姻状况：未婚，离异，丧偶
学历：大学及以上	子女情况：无子女

爱情告白：

23 岁时有过一次闪婚经历，跟爸爸朋友的儿子认识不到一个月就登记结婚了。因为互相不了解，没有感情基础，这段婚姻只维持了四个月。从认识到离婚，只有不到半年的时间，也没有任何感情，就像经历了一次恋爱而不是婚姻。

我是一个典型的小女人，喜欢过简单、平凡、没有压力的生活，内心缺乏安全感，希望有一个人可以在我哭的时候抱抱我，在我笑的时候陪我一起笑。有一颗包容的心，可以容忍我的小缺点、小任性。只要一个眼神，一个微笑，就可以明白我的心思。

说一说

1. 说一说你对这个征婚的女孩儿和这则征婚广告的看法。

2. 说一说你对结婚对象的要求。

第11单元　消　费

短文阅读——中国人还节俭吗？

旧时中国人有句俗语，叫“人生在世，吃喝二字”。传统的中国人比较实在，买东西讲究物美价廉，从来不买中看不中用的东西。在传统意识里，中国人认为吃得好便是最大的幸福。

中华民族是世界上最注重储蓄的民族，人们总是把大部分的钱存起来，以备不时之需。另一方面，贫穷也是注重储蓄的另一个原因，中国人有一种道德观，普遍认为大手大脚地花钱是一种可耻的行为，勤俭节约被看成是一种美德。

如今人们的消费观发生了一些改变，除了物质消费以外，精神消费也逐渐受到人们的重视，同时随着人们生活水平的提高，炫耀性的消费慢慢兴起，人们也开始追求名牌、奢侈品等，与储蓄意识相比，消费意识更为强烈，打破了传统的消费观。

生词

1	节俭	jiéjiǎn	A	thrift	
2	消费观	xiāofèiguān	N	consumer attitudes	关于消费、花钱的看法
3	俗语	súyǔ	N	saying；folksay	
4	传统	chuántǒng	A	traditional	
5	实在	shízài	A	real；honest；true	诚实，可靠

续表

6	讲究	jiǎngjiu	V	pay attention to	～吃/～穿
7	物美价廉	wùměi jiàlián	A	inexpensive	价格便宜而且东西很好
8	意识	yìshi	N	awareness; consciousness	
9	注重	zhùzhòng	V	emphasize	认为……很重要
10	储蓄	chǔxù	V	save; deposit	在银行存钱
11	普遍	pǔbiàn	A	normal	常见的
12	可耻	kěchǐ	A	shameful; disgraceful	
13	勤俭节约	qínjiǎn jiéyuē	A	hardworking and thrifty	
14	炫耀	xuànyào	V	show off	展示自己有而别人没有的东西
15	奢侈品	shēchǐpǐn	N	luxury	价格很高、品质很好但不是必需的物品

一、根据课文内容，选择下列词语的正确解释

1. 消费观：

   A. 观察　　B. 看法　　C. 态度　　D. 观看

2. 物美价廉：

   A. 东西很漂亮，也很实用　　B. 东西很漂亮，但是不实用

   C. 东西很漂亮，也很便宜　　D. 东西很漂亮，但是很贵

3. 中看不中用：

   A. 东西的样子很重要，有没有用不重要

   B. 东西的样子很重要，有没有用也很重要

   C. 看起来很好看，可是不好用

   D. 看起来很好看，也很好用

4. 普遍：

   A. 大部分　　B. 全部　　C. 普通　　D. 没有人

5. 大手大脚：

A. 手很大，脚很大 B. 身体强壮 C. 随便地花钱 D. 很勇敢

二、根据你已学到的知识回答问题

1. 除了消费观外，你还知道哪些“观”？

____

2. 你还知道哪些俗语？

____

3. 请分别举出一个物美价廉、中看不中用的东西？

____

4. 你觉得平时我们需要准备哪些东西，以备不时之需？

____

5. 请分别列举一些物质消费和精神消费的例子：
物质消费：______________________
精神消费：______________________

三、讨论 

1. 请根据课文内容说明，中国人的传统消费观是什么？如今的消费观和过去相比，发生了哪些变化。（注意使用生词）

2. 你同意课文中的观点吗？请举一些例子来说明。如果不同意，请说出你的看法。

3. 你对炫耀性的消费有什么看法？是支持还是反对，说出你的理由。

阅读训练（一）——中国人购买奢侈品如同买菜

“今年，中国将取代美国成为全球第二大奢侈品消费市场。”Gucci 总裁罗伯特（Robert Polet）说，"去年仅中国内地富豪，就买了全球四分之一的奢侈品。"有 60% 的奢侈品都是他们在国外购买的，"旅游成为购买奢侈品的一个重要途径。"

暨南大学经济学系主任刘金山教授认为，中国奢侈品消费正在进入黄金时期。主要有三个原因：一是中国已经出现了一批有消费能力的富人阶层，他们追求品位和个性化消费；二是购买奢侈品的行为，也让白领、小老板开始追逐，形成一种"时尚"的标志；三是现在许多独生子女走入社会，他们的消费观念已经改变，而且家庭也有实力满足他们。

业内人士预计未来 5 年，中国奢侈品市场将会达到 146 亿美元，占据全球奢侈品消费额的首位。

生词

1	取代	qǔdài	V	take place of	
2	途径	tújìng	N	way；approach	做事情的方法
3	阶层	jiēcéng	N	stratum；hierarchy	社会～
4	品位	pǐnwèi	N	grade	
5	个性化	gèxìng huà	V	personalized；individuation	具有个人特点的/～服务
6	追逐	zhuīzhú	V	to chase；to persue	
7	满足	mǎnzú	V	to meet；to satisfy	～需求
8	预计	yùjì	V	forecast；estimate；predict	
9	消费额	xiāofèi'é	N	consumer credit	花掉的钱的数量

一、根据课文内容判断正误

1. 中国目前是全球第一大奢侈品消费市场。　(　　)
2. 中国内地的富翁购买奢侈品，大都是在旅游的过程中买的。　(　　)
3. 刘金山教授认为，目前中国的奢侈品消费才刚刚开始。　(　　)
4. 购买奢侈品的只有富翁，白领或者小老板是没有能力这样做的。(　　)
5. 家庭比较富裕的独生子女，购买奢侈品，是因为追求时尚的原因。(　　)

6. 业内人士猜测，未来5年中国将成为全球第一大奢侈品消费市场。（ ）

二、讨论 

1. 你认为中国人购买奢侈品，还有别的原因吗？

2. 在你们国家，人们也会购买奢侈品吗？为什么？

3. 你会购买奢侈品吗？为什么？

阅读训练（二）——大学生是否适合办信用卡？

汪小红（上海同济大学大三学生）："我使用信用卡一般是在购买日常生活用品的时候，大部分是在超市购物时刷卡，透支的金额限定在200元以内。我觉得使用信用卡不但方便，而且还有另一个好处，那就是安全。外出购物，身上可以不带现金，也不用担心钱被偷了。另外，使用信用卡很时尚，不会显得落伍。"

郭震东（苏州大学大四学生）："我身边有不少同学觉得使用信用卡是一种时尚，可是我觉得大学生没有必要使用信用卡，因为刷卡是要付出代价的，首先是还款的代价，有很多同学都是到了每月还款的日子才记起自己还有钱要还，于是就急着找同学借钱来还；其次是容易形成不良的消费习惯，花钱大手大脚。"

一、请完成下面的表格

	好处：	坏处：
办信用卡		

二、辩论

全班分成两组，对“大学生应不应该办信用卡”进行辩论。请在课前查好资料，课上进行辩论。

阅读训练（三）——教你如何识别人民币纸币真伪

六招教你识别假币　真假差别很明显

1. 这里有隐形的“100”字样，需要把票面放得和眼睛接近平行，对着光源才能看到。而假币是直接印上去的，任何角度都能看到“100”。

2. 这几处图案和文字，用手摸，凸凹感会非常明显。假币没有凸凹感。

3. 金属线。真钱是完整的一条，假币中间一般有明显断续。

4. 对着光亮看，真币两面的图形会合在一起，成为一个非常完整的中国古铜钱“孔方”形状。而假币，全都不能合成圆形，非常明显。

5. 这里也有个“100”的隐形字样。假币也有，但和真币对照看，差别很明显。

6. 把真钱上下晃动，这个“100”的字样会变颜色，一会儿变蓝一会儿变绿。假钱完全不变。

根据文章回答问题

1. 识别人民币的真假有几种办法？

2. 真币和假币有哪些区别？请用自己的话来说明。

第12单元　教　育

短文阅读——独生子女的教育问题

1979年后，中国有了第一代独生子女，也就是没有兄弟姐妹的孩子。由于一家只有一个孩子，大多数父母都非常宠爱孩子，孩子们有更多的机会得到更好的教育。但这也导致独生子女的教育出现了一些问题：

第一，父母管得太多。从孩子上幼儿园到找工作、结婚，父母一直都陪在左右，为孩子做好一切。这也导致孩子对父母非常依赖，缺乏独立性。

第二，父母对孩子的期望太高。父母常常把所有的期望都放在孩子身上，希望孩子事事都能做得很好，有的父母还希望孩子可以实现自己的梦想。

生词

1	独生子女	dúshēngzǐnǚ	N	the single child	唯一的孩子
2	教育	jiàoyù	N	education	
3	代	dài	N	generation	一~人
4	宠爱	chǒngài	V	favor	
5	机会	jīhuì	N	opportunity	有~/好~

续表

6	管	guǎn	V	control，in charge of	~孩子
7	陪	péi	V	accompany	
8	一切	yíqiè	N	everything	全部
9	导致	dǎozhì	V	lead to	
10	缺乏	quēfá	V	lack	缺少
11	依赖	yīlài	V	rely on	
12	独立性	dúlìxìng	N	independence	不依赖别人
13	期望	qīwàng	N	expectation	希望
14	实现	shíxiàn	V	realize（one's dream）	~愿望/~理想

一、选词填空

宠爱	机会	陪	期望	独生子女

1. 我是家里的________，爸爸妈妈很________我。
2. 下个学期我要出国留学，这是个很好的学习________。
3. 你今天下午可以________我去看电影吗？
4. 老师对他的学生们有很高的________。

二、根据课文回答问题

1. 独生子女指的是？

   A. 只有一个孩子的家庭　　B. 没有哥哥姐姐的孩子

   C. 没有兄弟姐妹的孩子　　D. 一家只能生一个孩子

2. 独生子女有什么特点？

   A. 每件事都做得很好　　B. 有独立性

   C. 可以实现父母的梦想　　D. 不能自己生活

3. 下面哪个说法是不正确的？

   A. 第一代独生子女出现在 1989 年

   B. 孩子结婚的时候，父母要花所有的钱

C. 独生子女可以实现父母的愿望

D. 现在的孩子有更多的机会去学习

三、讨论 

1. 在你的国家，有独生子女政策吗？如果你是一个独生子女的母亲，到了商店以后，孩子想要各种各样的东西，你会怎么做？

2. 你觉得现在在中国，有必要实行独生子女政策吗？

阅读训练（一）——义务教育

义务教育指的是根据法律的规定，适龄的儿童和青少年都必须接受教育。中国的义务教育法规定的义务教育为九年，即从小学一年级到初中三年级，从 1986 年 4 月开始实施。

义务教育具有强制性、公益性、统一性的特点。强制性是指让适龄儿童和青少年接受教育是学校、家长和社会的义务，由法律进行保障。公益性就是不收学费、杂费，由国家提供经费。统一性指的是在全国范围内，不分性别、民族、城乡等，实行统一的义务教育。

2008 年有人开始提出十二年义务教育的建议，有的建议包括幼儿园，有的建议包括高中，但还没有实施。

生词

1	法律	fǎlǜ	N	law	
2	规定	guīdìng	N	provisions，stipulate	
3	实施	shíshī	V	bring into effect	
4	强制性	qiángzhìxìng	N	compulsory	
5	公益性	gōngyìxìng	N	public interest	

续表

6	统一性	tǒngyīxìng	N	unity	
7	适龄	shìlíng	Adj	of the right	年龄合适的
8	保障	bǎozhàng	V	guarantee	
9	建议	jiànyì	V	suggest	
10	包括	bāokuò	V	include	
11	幼儿园	yòuéryuán	N	kindergarten	

一、根据课文，选出下列词语的正确解释

1. “义务教育” 指的是

   A. 不要钱的教育　　B. 小学和中学教育

   C. 适龄儿童必须接受的教育　　D. 学校、家长和社会负责的教育

2. 学费的 “费” 和下面哪个 “费” 的意思不一样?

   A. 书费　　B. 费用　　C. 水费　　D. 浪费

3. “统一性” 主要指的是

   A. 义务教育的内容一样　　B. 义务教育的时间一样

   C. 义务教育的经费一样　　D. 义务教育的学校一样

二、判断正误

1. 按照现在法律的规定，18 岁的孩子不是义务教育的 “适龄儿童和青少年”。 (　　)
2. 现在上小学和初中的孩子不用交书费。 (　　)
3. 义务教育是学校和社会的责任，家长没有责任。 (　　)
4. 城市和农村的孩子受到的义务教育是一样的。 (　　)
5. 12 年的义务教育包括幼儿园。 (　　)

三、讨论

1. 请介绍你的国家的义务教育政策，和中国的义务教育进行对比。

2. 如果要把 9 年的义务教育变成 12 年的义务教育，你认为应该包括幼儿园还是应该包括高中，为什么？

阅读训练（二）——老年大学

刘奶奶今年 65 岁了。每周一到周五，她总是一大早就出门。去买菜？还是去锻炼？都不是，刘奶奶去上大学啦。

今年，市里开办了一所老年大学，鼓励退休后的老人来大学上课，目的是让老人们可以"老有所为"。既增长了知识，丰富了生活，又能服务于社会。老年大学有几十个专业，比如计算机、英语、书画、舞蹈等等。学校的老师主要是各个大学的退休老教师。

现在中国的老年人口越来越多，除了生活水平的提高，老人们更需要丰富的文化生活。老年大学的出现正好满足了老人的这一需求。

一、读课文，回答问题

1. 刘奶奶什么时候去老年大学上课？

2. 开办老年大学的目的是什么？

3. 老年大学有什么专业？

4. 学校的老师来自哪里？

5. 老人们为什么想去老年大学？

二、讨论

1. 你的国家有老年大学吗？

2. 在你的国家，老年人有什么文化生活？

阅读训练（三）——中国高中生课程表

<table>
<tr><th></th><th>周一</th><th>周二</th><th>周三</th><th>周四</th><th>周五</th><th>周六</th><th>周日</th></tr>
<tr><td>6：30－7：00
（早读）</td><td>语文</td><td>英语</td><td>英语</td><td>英语</td><td>语文</td><td>英语</td><td></td></tr>
<tr><td>7：00－8：20</td><td>语文</td><td>数学</td><td>英语</td><td>英语</td><td>物理</td><td>英语</td><td>化学</td></tr>
<tr><td>8：30－9：30</td><td>数学</td><td>英语</td><td>物理</td><td>物理</td><td>英语</td><td>化学</td><td>物理</td></tr>
<tr><td>9：40－10：40</td><td>英语</td><td>物理</td><td>数学</td><td>数学</td><td>化学</td><td>语文</td><td>语文</td></tr>
<tr><td>10：50－11：50</td><td>物理</td><td>化学</td><td>语文</td><td>语文</td><td>数学</td><td>物理</td><td>数学</td></tr>
<tr><td>11：50－12：20</td><td colspan="6">午饭时间</td><td rowspan="12">休息</td></tr>
<tr><td>12：20－12：45</td><td colspan="6">自习</td></tr>
<tr><td>12：50－13：20</td><td colspan="6">午休时间</td></tr>
<tr><td>13：30－14：30</td><td>语文</td><td>数学</td><td>化学</td><td>英语</td><td>语文</td><td>数学考试</td></tr>
<tr><td>14：40－15：00</td><td colspan="5">英语听力时间</td><td>数学考试</td></tr>
<tr><td>15：00－16：00</td><td>化学</td><td>语文</td><td>英语</td><td>化学</td><td>数学</td><td>英语考试</td></tr>
<tr><td>16：10－17：10</td><td>数学</td><td>英语</td><td>英语</td><td>物理</td><td>英语</td><td>英语考试</td></tr>
<tr><td>17：10－17：30</td><td colspan="5">活动时间</td><td></td></tr>
<tr><td>17：30－19：30</td><td>数学</td><td>语文</td><td>英语</td><td>物理</td><td>化学</td><td>自习</td></tr>
<tr><td>19：30－20：00</td><td colspan="5">晚饭时间</td><td rowspan="2">放学</td></tr>
<tr><td>20：00－22：00</td><td colspan="5">自习</td></tr>
</table>

一、阅读表格，回答问题

1. 这个学生一共要学习几门课？ ____________
2. 哪门课的数量最多？ ____________
   哪门课的数量最少？ ____________
3. 哪天放学最早？ ____________
4. 周一到周五，每天有多长时间的英语听力？ ____________
5. 周三有多长时间的自习？ ____________

二、设计课程表

你觉得他的课程表怎么样？有什么问题？如果你是这个学校的校长，你会怎么为学生设计课程表？

第13单元　上　网

短文阅读——网络与生活

20世纪90年代后，因特网渐渐进入了中国人的生活，并且得到了迅速的发展。网络改变了人们的生活方式，世界开始进入"网络时代"。

网络最大的特点就是信息丰富。以前，人们得去图书馆花很多时间查找资料，而现在通过像Google一样的网站，只要轻轻一点，无论什么样的信息都可以很容易、很快地找到。

网络也让世界变得越来越小。过去人们只能通过写信交流，现在只要发个邮件，马上就能收到。你还可以在网上和朋友聊天，甚至可以面对面交流。此外，你还可以在网上看新闻、听音乐、买东西等等，网络极大地方便了我们的生活。

生词

1	网络	wǎngluò	N	network	
2	因特网	yīntèwǎng	N	internet	
3	渐渐	jiànjiàn	Adv	gradually	
4	进入	jìnrù	V	come into，enter	
5	时代	shídài	N	age，times	

续表

6	信息	xìnxī	N	information	发~/收~
7	网站	wǎngzhàn	N	website	
8	通过	tōngguò	Prep	by，through	
9	发	fā	V	send	~邮件/~信息
10	邮件	yóujiàn	N	e-mail	发~
11	收	shōu	V	receive	~邮件
12	面对面	miànduìmiàn		face to face	

一、读课文，选择正确答案

1. 现在世界进入了什么时代？
   A. 信息时代　　B. 网络时代
   C. 科技时代　　D. 因特网时代
2. “丰富”（Para. 2 Line1）是什么意思？
   A. 很多　　B. 很大
   C. 很漂亮　　D. 很方便
3. 网络最大的特点是什么？
   A. 使生活变得很方便　　B. 可以和朋友面对面聊天
   C. 不用出门就可以买东西　　D. 可以找到各种各样的资料
4. 文中没有提到网络的哪个作用？
   A. 卖东西　　B. 听歌
   C. 给朋友写信　　D. 查信息
5. 下面哪个说法是正确的？
   A. 2000年后，中国人开始使用网络
   B. 在网上聊天的时候不能看到你的朋友
   C. 有了网络以后，人们的生活变得更方便
   D. 现在人们不需要图书馆了

二、下列网站中，你最常用哪个网站？选择并请向大家介绍怎样使用那个网站

阅读训练（一）——网上购物

随着因特网的发展，网上购物也成了最流行的购物方式。在中国，在网上购物的人数已经达到了 6329 万人。那么，为什么会有这么多人选择网上购物呢？

首先，现代人的生活节奏越来越快，人们不愿花很多的时间出去逛街。使用因特网，人们就可以“在家逛商店”。而且网上的商店 24 小时不关门，人们可以随时随地在网上买东西。

其次，你可以在网上找到世界各地的商品，并且每个商品都有详细的介绍。如果有不清楚的地方，还可以在网上问店主问题，和其他买东西的人讨论这个商品的好坏，买到又便宜质量又好的商品。

生词

1	节奏	jiézòu	N	rhythm	~很快
2	逛街	guàngjiē	V	go shopping	
3	随时随地	suíshísuídì	Adv	any time and any places	
4	各地	gèdì	Adv	everywhere	每个地方
5	商品	shāngpǐn	N	goods	
6	详细	xiángxì	A	detailed	
7	清楚	qīngchu	A	clear	
8	店主	diànzhǔ	N	shopkeeper	
9	讨论	tǎolùn	V	discuss	
10	质量	zhìliàng	N	quality	商品~

一、选词填空

随时随地	逛街	清楚	随着	质量

1. 我每个周末都和朋友们出去________。
2. 买东西的时候，除了价格便宜，________也很重要。
3. 有了新手机后，我可以________给朋友们打电话聊天啦！
4. ________天气一天天变暖，公园里面到处花红柳绿。
5. 我的眼镜丢了，现在看什么都看不________。

二、判断正误

1. 在中国，在网上买东西的人比去商店买东西的人多。　（　　）
2. 你可以在晚上 11 点上网买东西。　（　　）
3. 在网上购物，如果想知道商品是什么样的，只能看网上的介绍。（　　）
4. 网上的商品比商店里的商品便宜。　（　　）
5. 人们选择网上购物最重要的原因是可以“在家逛商店”。　（　　）

三、讨论

你觉得网上购物有什么好处和坏处？

四、请介绍一次你的网上购物的经历

阅读训练（二）——中学生明明的故事

明明是初中二年级的学生。上学期的期末考试，明明考得很好，爸爸奖励了他一台电脑，希望他可以用电脑学到更多的知识。明明非常高兴。他喜欢旅游，在网上，他可以看到世界各地漂亮的图片，还可以上网和朋友们聊天。网络世界是那么丰富多彩！

但是慢慢地，明明迷上了网络游戏，下课后一玩就是好几个小时，连作业也不认真写了。爸爸发现后，拿回了他的电脑，并且不让他在家玩游戏。可是，明明却偷偷到网吧去玩，有时候甚至不去学校上课，考试成绩也越来越差。爸爸很伤心，现在是网络时代，孩子应该会用电脑，可是上网也有很多不好的影响，应该怎么办呢？

一、读课文，复述这个故事

二、读课文，回答问题

1. 爸爸为什么给明明买了一台电脑？

2. 明明喜欢上网做什么？

3. 有了电脑以后，明明的学习情况发生了什么样的变化？

三、讨论 

1. 你觉得中学生或者小学生应该上网吗？为什么？

2. 如果你是明明的爸爸，你会怎么办？在你小时候，你的爸爸妈妈是怎么做的？

阅读训练（三）——中国的网民

网民指的是使用因特网的人。到2011年6月，中国的网民数量已经达到4.85亿，占全国总人口的36.2%。

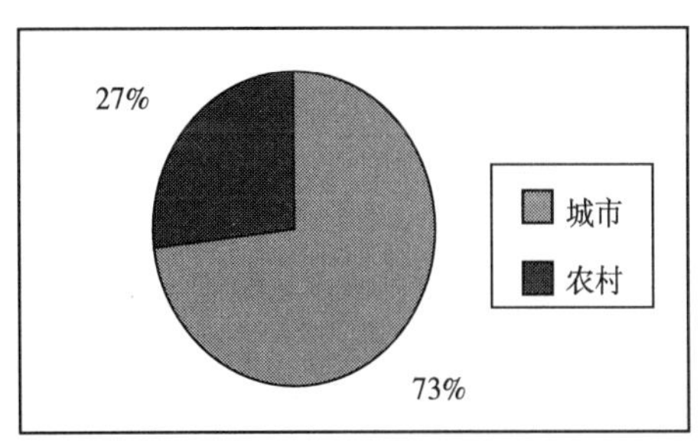

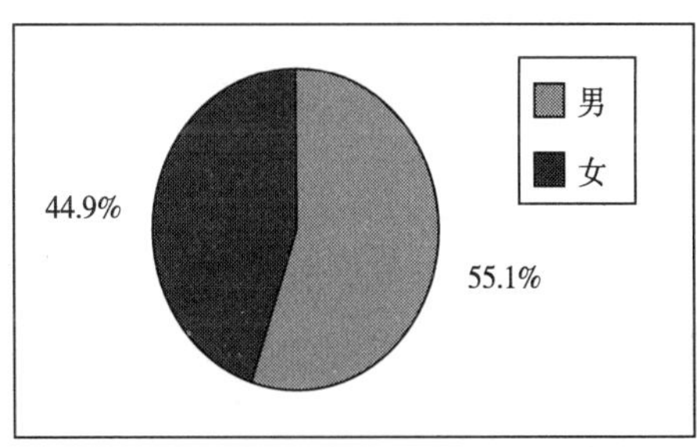

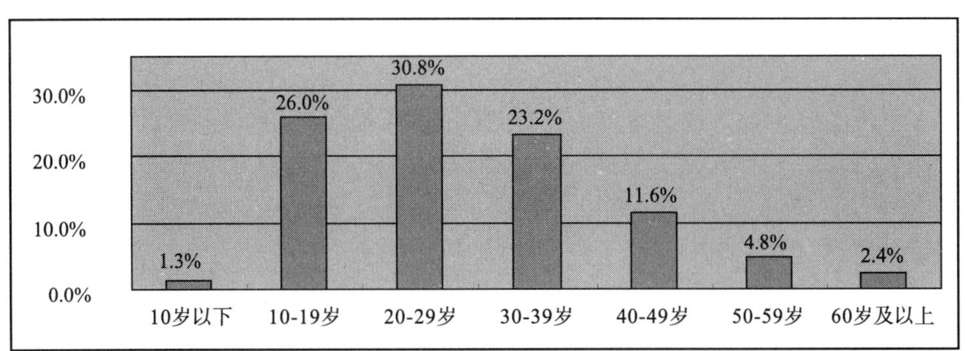

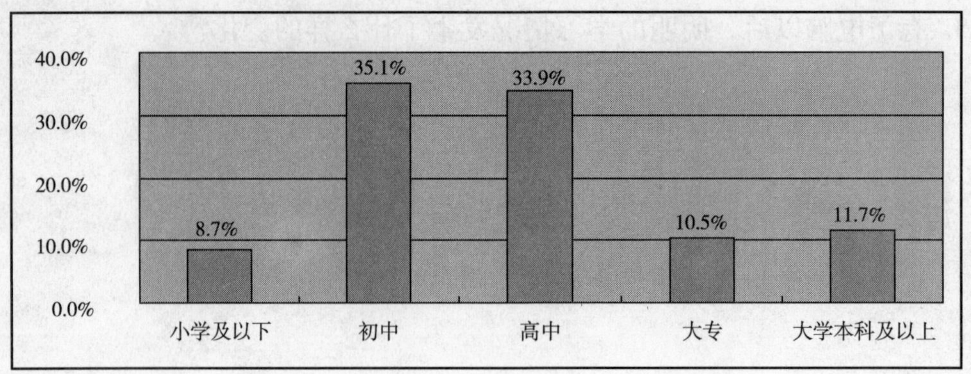

（数据来源：CNNIC）

阅读表格，回答下列问题

1. 中国的网民，在性别、城乡、年龄和学历方面有什么特点？

2. 通过分析网民的特点，你觉得中国的网络发展有什么问题？应该怎么解决这些问题？

第14单元　做善事

短文阅读——学雷锋，做好事

在中国，说到做好事，人们就会想到雷锋。雷锋只是一名普通的军人，为什么人们要向他学习呢？

雷锋小时候出生在一个贫穷的家庭，受到了很多人的帮助，因此他长大之后就把帮助别人当作是自己最大的幸福和快乐。他经常用自己休息的时间去附近的车站帮忙，还把节省下来的钱捐给灾区或者送

给生活困难的朋友。而且每次做完好事后，他都不告诉别人自己的名字。

在一次工作的时候，雷锋不幸牺牲，当时他只有22岁。为了纪念他，每年的3月5日成了雷锋纪念日，所有的人都要学雷锋，做好事。

生词

1	军人	jūnrén	N	soldier	
2	向	xiàng	Prep	towards	~老师请假
3	出生	chūshēng	V	be born	
4	贫穷	pínqióng	A	poor	缺少钱
5	当作	dàngzuò	V	regard as	
6	幸福	xìngfú	N	happiness	
7	附近	fùjìn	A	nearby	周围
8	节省	jiéshěng	V	save	很少花钱
9	捐	juān	V	donate	
10	灾区	zāiqū	N	disaster area	
11	不幸	búxìng	A	unfortunately	
12	牺牲	xīshēng	V	sacrifice	死
13	纪念	jìniàn	V	commemorate	

专有名词

1	雷锋	léifēng			人名

一、选词填空

出生　　纪念　　节省　　附近　　捐

1. 学校________有一家很大的超市。
2. 我在北京________，在上海长大。

3. 小方用平时________的钱买了一台新电脑。
4. 中国人在端午节吃粽子是为了________屈原。
5. 大家都在为灾区________钱。

二、读课文，选择正确的答案

1. 雷锋是做什么的？
   A. 老师　　B. 军人
   C. 服务员　　D. 车站工作人员
2. 雷锋最大的幸福和快乐是什么？
   A. 去车站帮忙　　B. 帮助别人
   C. 给灾区捐钱　　D. 帮助自己的朋友

三、判断正误

1. 在雷锋小时候，有很多人帮助他。（　　）
2. 周末的时候，雷锋可能会去车站帮忙。（　　）
3. 雷锋把所有的钱都送给生活困难的人。（　　）
4. 被雷锋帮助的人都知道他叫雷锋。（　　）

四、讨论 

雷锋总是帮助别人，而很少考虑自己，你同意这样的做法吗？

阅读训练（一）——勿以善小而不为

“助人为乐”是中国人的传统美德，意思是帮助别人，看到别人感谢的笑脸，自己也会觉得快乐。在日常生活中，有很多“好事”可以做，比如在公共汽车上给老人让座，帮拿了很多东西的人开门，捡起地上的垃圾等等。很多人觉得这些都是“小事”，自己不做别人也会做，没有关系。但是，“小事”是“大事”的基础，就像大海也是由一滴滴水组成的。“勿以善小而不为”，不要因为事情小就不去做，如果每个人每天都能做几件小的“好事”，那么我们的社会就会变得更加美好。

生词

1	美德	měidé	N	virtue	
2	日常	rìcháng	A	daily	
3	让座	ràngzuò	V	offer one's seat to sb	把自己的座位给别人
4	捡	jiǎn	V	pick up	
5	基础	jīchǔ	N	basis	
6	由……组成	yóu …zǔchéng		be made up of	
7	滴	dī	M	drop	一～水
8	社会	shèhuì	N	society	

一、解释下列词语

助人为乐　　　勿以善小而不为

二、判断正误

1. 中国人近几年开始把“助人为乐”当作是一种美德。（　　）
2. 在公共汽车上，除了老人以外，不用给其他人让座。（　　）
3. 不注意小事，也能做成大事。（　　）
4. 自己不做好事没关系，因为别人会做。（　　）
5. 每个人每天都必须做几件好事。（　　）

三、讨论

在中国，给老人让座是一种美德。但是在一些西方国家，老人们却不喜欢别人给自己让座，你知道这是为什么吗？在你的国家有“让座”的美德吗？

阅读训练（二）——中国的慈善事业

慈善事业指的是对社会、对别人有好处的事业。中国是最早发展慈善事业的国家，主要是帮助没有人照顾的老人和孩子。而中国现代的慈善事业是从 20 世纪 80 年代开始发展的，受到了西方国家的影响。

但是中国的慈善文化和西方的却不太一样。比如，在中国，做慈善的常常是企业家，而不是企业。但在西方国家，做慈善是企业文化的一部分，他们认为这是企业应该做的事情，而且人们会对企业有一个好的印象，可以帮助企业获取更大的利益。

现在在中国，除了成龙、姚明等明星外，也有很多普通人开始参与慈善事业。参与的人越多，中国的慈善事业的发展就会越快、越好。

一、判断正误

1. 20 世纪 80 年代中国才发展慈善事业。 (　　)
2. 中国的慈善文化和外国的不太一样。 (　　)
3. 中国的企业不做慈善事业。 (　　)
4. 外国企业认为，做慈善事业不但不会损失钱，还能帮助企业赚钱。 (　　)
5. 现在，普通人也可以参与慈善事业。 (　　)

二、讨论

1. 在你的国家，有什么样的慈善文化？和中国的慈善文化有什么异同？

2. 在你的国家，普通人会参加慈善事业吗？如何参与？

阅读训练（三）——志愿者报名表

2012 年伦敦奥运会马上就要到了，王朋想当一名伦敦奥运会的志愿者，下面是他的报名表：

<table>
<tr><td colspan="3">身份类型：A</td><td>A 学生</td><td colspan="2">B 社会人员</td></tr>
<tr><td colspan="6">基 本 信 息</td></tr>
<tr><td colspan="2">所在院校（单位）</td><td colspan="4">中央民族大学</td></tr>
<tr><td colspan="2">姓</td><td>王</td><td>名</td><td colspan="2">朋</td></tr>
<tr><td colspan="2">性 别</td><td>男</td><td>出生日期</td><td colspan="2">1990 年 8 月 15 日</td></tr>
<tr><td colspan="2">电话</td><td>1234567</td><td>电子邮件</td><td colspan="2">wangpeng@ cun. edu</td></tr>
<tr><td colspan="6">教 育 和 培 训</td></tr>
<tr><td colspan="2">最高学历</td><td>硕士</td><td>专业</td><td colspan="2">英语</td></tr>
<tr><td rowspan="5">语言技能
（三种以内）</td><td colspan="2">母 语</td><td colspan="3">中文</td></tr>
<tr><td colspan="2">外语语种</td><td colspan="3">水 平</td></tr>
<tr><td colspan="2">英语</td><td colspan="3">很好</td></tr>
<tr><td colspan="2">法语</td><td colspan="3">好</td></tr>
<tr><td colspan="2">无</td><td colspan="3">无</td></tr>
<tr><td>医疗救护技能</td><td colspan="5">是否有医疗救护方面的资格证书：有</td></tr>
<tr><td>驾驶技能</td><td colspan="5">是否有驾照：有</td></tr>
<tr><td rowspan="2">体育项目技能
（三项以内）</td><td colspan="2">项目名称</td><td>篮球</td><td>足球</td><td>网球</td></tr>
<tr><td colspan="2">相应水平</td><td>很好</td><td>很好</td><td>一般</td></tr>
<tr><td>其他技能</td><td colspan="5">对中国文化十分了解，会简单手语</td></tr>
</table>

一、读表格，回答问题

1. 王朋的专业是什么？是什么学历？

2. 王朋可以说几门外语？水平怎么样？

3. 王朋可以开车吗？

二、根据表格，你觉得王朋适合在伦敦奥运会做什么工作？

1. ____
2. ____

第15单元　养　生

短文阅读——养生有道

养生是中国传统的保健方法，中国有一百多个关于养生的电视节目，从古到今，养生的书籍更是不计其数。养生不仅是为了延长生命，也是为了提高生命的质量，让自己的人生更加健康快乐。现在，生活节奏越来越快，环境污染越来越严重，威胁身体健康的因素越来越多，养生也越来越受到人们的重视。

中国人养生的方法很多，这些方法跟人们的吃、穿、住、行都有关系。尤其是"吃"，中国人非常注重通过"吃"来养生，甚至认为吃饭比吃药还重要，中国有一句话，"药补不如食补"。中国人的养生常常随季节而变化。在不同的季节里，人们会采用不同的养生方法，注意养护身体的不同部位，吃不同种类的东西。中国人养生的另一个特点是强调调整人的内心，中国人把这叫做"养心"，认为它是养生的核心。

生词

1	养生	yǎngshēng	V	preserve one's health	
2	保健	bǎojiàn	V	Keep healthy	
3	威胁	wēixié	V	threaten	
4	尤其	yóuqí	Adv	particularly	

续表

5	养护	yǎnghù	V	cure	
6	部位	bùwèi	N	position	身体的一部分
7	强调	qiángdiào	V	stress	
8	调整	tiáozhěng	V	adjustment	
9	核心	héxīn	N	core	中心部分

一、根据课文内容回答问题

1. 根据本文，不能作为中国人重视养生的证据的是（　　）
   A. 中国有很多养生的电视节目　B. 中国有很多养生的书籍
   C. 中国有很多养生的方法　D. 中国有很多长寿的人
2. 人们越来越重视养生，不是因为(　　)
   A. 生活节奏快　B. 环境污染严重
   C. 没有钱看病　D. 健康受到威胁
3. 下面几个方面，哪个不是本文提到的跟中国人养生有关的方面（　　）
   A. 吃饭　B. 穿衣　C. 出行　D. 工作
4. 下面几点，不属于中国人养生特点的是（　　）
   A. 养生跟衣、食、住、行都有关系　B. 不同季节有不同的养生方法
   C. 注重养心　D. 儿童不需要养生
5. "药补不如食补"这句话的意思是（　　）
   A. 吃药比吃饭好　B. 吃饭比吃药好
   C. 不能吃饭时可以吃药　D. 不能吃药时可以吃饭
6. 中国人认为，养生最重要的是（　　）
   A. 吃得好　B. 睡得好　C. 工作好　D. 调整好心态
7. "不计其数"的意思可能是
   A. 没有数量　B. 不知道数量　C. 数量不多　D. 数量非常多

二、选词填空

传统	质量	污染	尤其	甚至	特点	强调	调整

1. 这种房子的________是上面大、下面小。
2. 我觉得汉语很难，________是声调，我总是发不准。
3. 那条河________很严重，里面的鱼都死了。
4. 中国功夫________的是强身健体，而不是攻击别人。
5. 刚来中国的时候，我________连“你好”也不会说。
6. 这家商场的商品________没有问题。
7. 中秋节是中国的________节日。
8. 航空公司又一次________了飞机的班次。

三、讨论 

1. 你还了解中国人养生的哪些做法？你同意哪些做法？不同意哪些做法？

2. 在你的国家，有哪些养生的方法？

阅读训练（一）——长寿的秘诀

79 岁的马长礼是一位京剧名家，白嫩细腻的皮肤上，没有老年斑，也看不见几道皱纹。老人家自己得意地说：“我除了有点儿耳背，什么老年人的毛病都没有，吃得香，睡得着，皱纹比我儿子还少呢！”马先生从来不挑食，不管是馒头、窝头，还是米饭、面条，能填饱肚子就行。虽然不挑食，但老爷子还是有偏好的，爱素不爱荤，从来不喝酒。马老先生爱好放风筝和走路。他认为放风筝不仅能让人呼吸到新鲜的空气，还可以练眼神。走路是最好的锻炼方法。“我在香港的时候，每天能在外面走 3 个小时。拿上老年证，坐巴士到一个没去过的地方就开始走。累了，我会找个麦当劳坐坐，要一杯奶茶，两三个鸡翅。偶尔犯困了，就眯一会儿。醒了，出门，接着走。”如果有人在香港的某个麦当劳，看到一位面色红润的老人，正喝着奶茶，吃着鸡翅，没准儿就是他了。

现代医学表明，健康长寿由 4 个因素决定：遗传占 15%，环境占 17%，医疗占 8%，个人生活方式占 60%。可见，能不能健康长寿，很大程度上是由我们自己的生活方式决定的。

生词

1	长寿	chángshòu	N	longevity	活得长
2	秘诀	mìjué	N	secret	别人不知道的办法
3	得意	déyì	A	proud	
4	耳背	ěrbèi	V	hard of hearing	听力不好
5	素	sù	N	Vegetarian food	没有肉的菜
6	荤	hūn	N	dirty	有肉的菜
7	犯困	fànkùn	V	sleepy	感到困，想睡觉
8	红润	hóngrùn	A	rosy	脸色很好
9	遗传	yíchuán	N	hereditary	
10	医疗	yīliáo	N	medical	

一、根据短文内容，回答下列问题

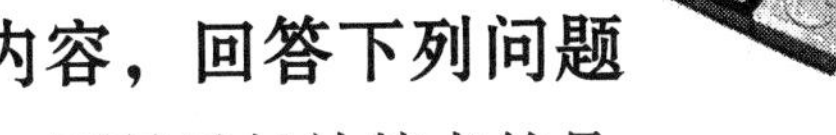

1. 下面几项，不是马长礼特点的是

   A. 唱京剧很有名　　B. 身体很健康

   C. 喜欢走路　　D. 喜欢睡觉

2. “挑食”的意思可能是

   A. 什么都吃　　B. 只吃自己喜欢的食物

   C. 不吃任何东西　　D. 吃很多东西

3. 根据本文，下面几项中跟长寿没有关系的是

   A. 遗传　　B. 个人生活方式

   C. 环境　　D. 财富

4. “眯”的意思可能是

   A. 稍微睡一会儿　　B. 说一会儿话

   C. 悄悄看一眼　　D. 吃一点儿东西

二、选词填空

决定	遗传	秘诀	因素	偶尔	得意	医疗	偏好

1. 麦克________地告诉大家，他终于考了第一名。
2. 大多数人都认为这种病是家族________的。
3. 夫妻之间互相信任是决定婚姻幸福的一个重要________。
4. 学好汉语的________是多跟中国人聊天。
5. 我们不常见面，________可能在食堂碰上。
6. 来中国以前，我一点儿辣椒都不能吃，现在却________吃辣的。
7. 为了考好 HSK，我________这个假期不回国了。
8. 现在农村的________条件已经越来越好了。

三、说一说

1. 你有挑食的习惯吗？你喜欢吃什么？不喜欢吃什么？

2. 你有什么爱好？哪些爱好是对身体健康有好处的？哪些是没有好处的？

阅读训练（二）——起居养生三“不要”

第一，不要恋床。有过恋床经验的人都会有这样的感觉：在床上待的时间长了，会觉得全身没有力气，好像“越睡越累”，“越睡越不舒服”。实际上，恋床打乱了正常的生活规律，让身体里气血的运行失去平衡，人就会觉得不舒服。

第二，不要醒后马上剧烈运动。许多人早晨起床后习惯到外面去锻炼身体。但是，早上起床后应该先在屋里待一会儿，等身体里的气血运行平衡了，再出去做运动。如果起床后马上剧烈运动，容易出现心、脑血管的意外。

第三，不要不吃早餐。我们的大脑需要营养，如果大脑得到的营养不足，就可能受到损伤。从前一天晚上吃过晚饭到第二天早晨，我们的肚子已经空了 12 小时了。这时候身体里的血糖很低，大脑得不到足够的营养，如果不及时补充，就会受到损伤。所以，不吃早餐，或早餐吃得不好，都会影响上午的工作和学习。

一、根据短文回答问题

1. “恋床”的意思可能是
   A. 喜欢床　　B. 爱好收藏各种各样的床
   C. 喜欢在床上做事情　　D. 早上该起床的时候却不起来
2. 作者认为恋床不好，是因为
   A. 浪费时间　　B. 不舒服
   C. 影响工作　　D. 使得气血运行不平衡
3. 起床后不能马上剧烈运动，是因为
   A. 外面空气不好　　B. 可能出现危险的情况
   C. 没有力气　　D. 可能感冒
4. 早餐不仅要吃，而且要吃好，这是因为：
   A. 上午工作时间很长　　B. 可以给大脑提供足够的营养
   C. 可以让气血运行平衡　　D. 中午没有足够的时间

二、选词填空

意外	经验	补充	损伤	及时	平衡

1. 锻炼身体以前，先稍微活动一下，可以避免身体的________。
2. 我没有做生意的________，所以担心赚不到钱。
3. 如果不出现________，飞机一定会准时起飞。
4. 他的身体失去了________，从桌子上掉了下来。
5. 救护车________赶到家里，把老人送到了医院。
6. 考试的那两天，妈妈每天给她煮两个鸡蛋，________营养。

三、说一说 

1. 你同意短文的观点吗？为什么？

2. 你有哪些日常起居的习惯？哪些是好的？哪些是不太好的？

阅读训练（三）——教你做养生汤

原料：莲子、红枣、银耳、冰糖。

做法：

1. 银耳入冷水浸泡 2 小时，剪去根部洗净；
2. 莲子洗净备用，红枣洗净后用清水泡开；
3. 锅中放入足量的清水，放莲子、银耳一起小火炖煮 30 分钟；
4. 加入红枣继续炖煮 30 分钟，最后放冰糖至融化即可。

功效：

银耳含有多种维生素和 17 种氨基酸。红枣含蛋白质、铁、磷、钙和多种维生素。此汤可以润肺生津，滋阴养胃，益气活血。

一、猜一猜下面这些养生谚语是什么意思？在你的国家有类似的说法吗？

1. 饭后百步走，能活九十九。
2. 笑一笑，十年少。
3. 七分饱，三分寒。
4. 管住嘴，放开腿。
5. 病是三分治，七分养。
6. 常想一二，不思八九。

二、说一说 

你喜欢中国人的哪些养生方法？你会那样做吗？

生词总表

词条	拼音	词性	英译及中文解释	课号
		A		
爱情观	àiqíng guān	N	view of love and marriage	10
安排	ānpái	V	arrange	2－3
安全	ānquán	A	safe	3
奥林匹克	Àolínpǐkè	N	Olympic	3－2
		B		
败	bài	V	to defeat	8
百里挑一	bǎilǐtiāoyī		从一百个里找出一个，形容非常好	8－3
包办	bāobàn	V	take sole charge of; usually means arranged marriage	10
报答	bàodá	V	to repay	8
报复	bàofù	V	to revenge	6
保健	bǎojiàn	V	keep healthy	15
包间	bāojiān	N	compartment	1
包括	bāokuò	V	include	12－1
保守	bǎoshǒu	A	conservative	7－3
保险	bǎoxiǎn	N	insurance	2－3
保障	bǎozhàng	V	guarantee	12－1
便利	biànlì	A	facilitate	5
标志	biāozhì	N	sign	5
标准	biāozhǔn	N	standard ～比较低/提高～	2－2
冰灯	bīngdēng	N	ice lantern	4

续表

词条	拼音	词性	英译及中文解释	课号
毕业	bìyè	V	to graduate	2
部分	bùfen	N	part	7
不好意思	bùhǎoyìsi		to feel embarrassed	5 - 2
部落	bùluò	N	tribe	8 - 3
不胜	búshèng	V	can't bear 如“～酒力”	8 - 2
部位	bùwèi	N	position	15
不幸	búxìng	Adj	unfortunately	14
不只	bùzhǐ	Conj	not only	7
C				
财产	cáichǎn	N	property	8 - 3
草原	cǎoyuán	N	grasslands	3 - 1
缠绵	chánmián	A		8 - 1
长寿	chángshòu	N	longevity	15 - 1
炒	chǎo	V	pan-fry	1 - 1
承担	chéngdān	V	undertake	3 - 2
成功	chénggōng	N	success	4 - 3
称赞	chēngzàn	V	praise 说东西的优点	8 - 3
沉稳	chénwěn	A	calm	7 - 3
吃惊	chījīng	V	to be amazed	3 - 1
宠爱	chǒngài	V	favor	12
冲动	chōngdòng	A	impulsive	7 - 3
传奇	chuánqí	N	legend	8 - 1
创立	chuànglì	V	to found	2
创新	chuàngxīn	N	innovation	7 - 3
传统	chuántǒng	A	traditional	11
除草	chúcǎo	V	to weed	4
吹拂	chuīfú	V	to blow 指微风轻轻地吹过	6 - 3
处理	chùlǐ	V	to deal with	2 - 3

续表

词条	拼音	词性	英译及中文解释	课号
出生	chūshēng	V	be born	14
出售	chūshòu		sell	9－1
出现	chūxiàn	V	appear	9
储蓄	chǔxù	V	save；deposit	11
辞职	cízhí	V	resign	2－1
粗糙	cūcāo	A	rough and crude	10－1
错开	cuòkāi	V	to stagger	5－3
CEO		N	Chief Executive Officer	2－3
		D		
打包	dǎbāo	VO	to make a bundle	1
大地	dàdì	N	earth，land	6－3
大概	dàgài	ADV	probably	9
代	dài	N	generation	12
单纯	dānchún	A	pure；simple	10
当作	dàngzuò	V	regard as	14
道	dào	V	say 说	8－2
导致	dǎozhì	V	lead to	12
得意	déyì	Adj	proud	15－1
滴	dī	M	drop	14－1
点菜	diǎncài	VO	to order dishes（in a restaurant）	1
电器	diànqì	N	electric appliance	2－1
店主	diànzhǔ	N	shopkeeper	13－1
的确	díquè	Adv	indeed；really ～不错	6－3
低碳	dītàn	A	low-carbon	6
地铁	dìtiě	N	metro	5
丢人	diūrén	V	to be ashamed of	5－2
地位	dìwèi	N	position	2
地震	dìzhèn	N	earthquake	4－2

续表

词条	拼音	词性	英译及中文解释	课号
董事局	dǒngshì jú	N	board of directors	2 – 1
断肠	duàncháng	V		8 – 1
短信	duǎnxìn	N	short message	7 – 2
堵车	dǔchē	N	traffic jam	5 – 3
对象	duìxiàng	N	boyfriend or girlfriend	7
独立性	dúlìxìng	N	independence	12
多愁善感	duōchóushàngǎn		emotional and sensitive	7 – 3
独生子女	dúshēngzǐnǚ	N	the single child	12
独特	dútè	A	unique	7 – 3
E				
耳边	ěrbiān	N		8 – 1
耳背	ěrbèi	V	hard of hearing	15 – 1
F				
发	fā	V	send	13
法律	fǎlǜ	N	law	12 – 1
方式	fāngshì	N	mode	3
防止	fángzhǐ	V	to prevent	6 – 3
饭盒	fànhé	N	mess tin	1 – 3
犯困	fànkùn	V	sleepy	15 – 1
发现	fāxiàn	V	discover	8 – 3
发展	fāzhǎn	V	development	10
废气	fèiqì	N	waste （exhaust） gas 有害气体	6
风景	fēngjǐng	N	landscape	3
分析	fēnxī	V	to analyze	2 – 3
附加	fùjiā	A	additional	5 – 1
附近	fùjìn	Adv	nearby	14
富人	fùrén	N	rich people	2

续表

词条	拼音	词性	英译及中文解释	课号
		G		
盖浇饭	gàijiāofàn			1
改善	gǎishàn	V	to improve	5-3
钢	gāng	N	steel	3-2
高层	gāocéng	N	high level	2-3
高档	gāodàng	A	top grade; superior quality	1
高峰	gāofēng	N	peak	5-3
高贵	gāoguì	A	noble	7-3
各地	gèdì		everywhere	13-1
根本	gēnběn	Adv	fundamentally	9
根本	gēnběn	A	fundamental	10-1
根据	gēnjù	V	according to	1-1
个性化	gèxìnghuà	V	personalized; individuation	11-1
功夫	gōngfu	N	Kung Fu	4-3
工具	gōngjù	N	vehicles	5
工商局	gōngshāngjú	N	Trade and industry bureau	9-1
公益性	gōngyìxìng	N	public interest	12-1
工资	gōngzī	N	wages, pay	2-2
购物	gòuwù	V	shopping	3
挂机	guàjī	V	hang up the phone	7-2
管	guǎn	V	control; in charge of	12
广播台	guǎngbō tái	N	boardcast station	4
逛街	guàngjiē	V	go shopping	13-1
广阔	guǎngkuò	A	broad	3-1
冠军	guànjūn	N	champion	4-1
管理	guǎnlǐ	V	to manage	2-3
官员	guānyuán	N	official	2
规定	guīdìng	N	provisions, stipulate	12-1

续表

词条	拼音	词性	英译及中文解释	课号
鼓励	gǔlì	V	to encourage	6
滚	gǔn	V	to get out	8
固执	gùzhí	A	stubborn	7－3
		H		
害怕	hàipà	A	afraid	6－3
黑作坊	hēizuōfǎng	N	workshop that sales fakes	9－1
和面	hémiàn	V		9－1
核心	héxīn	N	core	15
红润	hóngrùn	ADJ	rosy	15－1
化作	huà zuò	V		8－1
滑冰	huábīng	V	to skate	4
怀孕	huáiyùn	V	be pregnant	8
换乘站	huànchéngzhàn	N	transfer station	5
环境	huánjìng	N	environment	5－3
环境保护	huánjìng bǎohù		environmental protection	6
欢迎	huānyíng	A	popular	4－2
话题	huàtí	N	topic	4
花心	huāxīn	A	fickle in love	7－3
滑雪	huáxuě	V	to ski	4
回收	huíshōu	V	to recover and put back to use；recycle	6
荤	hūn	N	dirty	15－1
火焰	huǒyàn	N	flame	8－1
		I		
IT		N	Information Technology 的缩写	2
		J		
挤	jǐ	V	crowded	5
集合	jíhé	N	congregation	7

续表

词条	拼音	词性	英译及中文解释	课号
既…… 又……	jì…yòu…		Not only…but also…	3 – 1
夹	jiá	V	to get hold of	10 – 1
价格	jiāgé	N	price	1
捡	jiǎn	V	pick up	14 – 1
姜	jiāng	N	ginger	1 – 1
讲究	jiǎngjiu	V	pay attention to	11
渐渐	jiànjiàn	Adv	gradually	13
减少	jiǎnshǎo	V	to reduce	5 – 3
建议	jiànyì	N	suggestion	5 – 3
建议	jiànyì	V	suggest	12 – 1
建筑	jiànzhù	N	building	5
骄傲	jiāo'ào	N	proud	4 – 2
焦点	Jiāodiǎn	N	focus；main issue	10
交流	jiāoliú	V	to communicate	4
交通	jiāotōng	N	traffic；vehicle	5
娇羞	jiāoxiū	A	shy	8 – 2
教育	jiàoyù		education	12
家乡	jiāxiāng	N	hometown	4
基础	jīchǔ	N	basis	14 – 1
激动	jīdòng	A	excited	3 – 1
阶层	jiēcéng	N	stratum；hierarchy	11 – 1
节俭	jiéjiǎn	A	thrift	11
解决	jiějué	V	to solve	5 – 3
节省	jiéshěng	V	save	14
节约	jiéyuē	V	to save	6
节奏	jiézòu	N	rhythm	13 – 1
计费	jìfèi	V	billing	5

续表

词条	拼音	词性	英译及中文解释	课号
机会	jīhuì	N	opportunity	12
积极	jījí	A	positive	4 – 2
忌口	jìkǒu	N	avoid certain food	1 – 1
记录	jìlù	V	to record	2 – 3
技能	jìnéng	N	skill	4 – 2
警察	jǐngchá	N	police	2
景点	jǐngdiǎn	N	scenic spots	3
经济舱	jīngjìcāng	N	economy class	5 – 1
经理	jīnglǐ	N	manager	2 – 3
镜头	jìngtóu	N	shot; scene	8 – 3
纪念	jìniàn	V	commemorate	14
尽快	jìnkuài	Adv	as soon as possible	10 – 1
进入	jìnrù	V	come into, enter	13
救	jiù	V	to save	8
究竟	jiūjìng	Adv	exactly	9
急躁	jízào	A	quick-tempered	7
捐	juān	V	donate	14
剧本	jùběn	N	play; drama	8
角色	juésè	N	character	4 – 3
聚会	jùhuì	N	the party	4
军人	jūnrén	N	soldier	14
居然	júrán	Adv	unexpectedly 没想到	8 – 3
		K		
卡	kǎ	N	card	5
看法	kànfǎ	N	a way of looking at a thing	2
靠	Kào	V	by	9 – 1
考虑	kǎolǜ	V	to consider	7
烤鸭	kǎoyā	N	roast duck	1

续表

词条	拼音	词性	英译及中文解释	课号
可耻	kěchǐ	A	shameful; disgraceful	11
客户	kèhù	N	client	2－3
可怜	kělián	A	poor	8
矿产	kuàngchǎn	N	mineral	6
		L		
垃圾	lājī	N	garbage	6
浪费	làngfèi	V	to waste	5－3
浪漫	làngmàn	A	romantic	7－3
老板	lǎobǎn	N	boss	2
老话	lǎohuà	N	proverb	9
老乡	lǎoxiāng	N	fellow-villager	1－3
类	lèi	N	category	9
雷锋	Léi fēng			14
恋爱	liàn'ài	V	to fall in love	8
练功	liàngōng	V	to practice Kung Fu	4－3
莲花	liánhuā	N	lotus	8－2
连续	liánxù	Adv	continuously	4－2
了解	liǎojiě	V	understand	9－1
聊天	liáotiān	V	to chat	4
灵活	línghuó	A	flexible	3
零售	língshòu	V	retail sale	2－1
邻居	línjū	N	neighbor	8－3
临时	línshí	A	temporary	4－3
理赔	lǐpéi	V	claim settlement	2－3
历史	lìshǐ	N	history	1
录播间	lùbōjiān	N	recording room	4
绿化	lǜhuà	V	to make green by planting trees; to afforest	6－3
屡见不鲜	lǚjiàn bùxiān		common occurrence; nothing new	10

续表

词条	拼音	词性	英译及中文解释	课号
路人	lùrén	N	passerby	8
律师	lǜshī	N	lawyer	2
旅游	lǚyóu	V	to travel	4
		M		
茫茫人海	mángmáng rénhǎi		a lot of people	10－1
馒头	mántou	N	steamed bread	9－1
满足	mǎnzú	V	to meet；to satisfy	11－1
毛	máo	N	hair	8－3
马棚	mǎpéng	N	stable	8－3
美德	měidé	N	virtue	14－1
美化	měihuà	V	to beautify	6
魅力	mèilì	N	glamour	8－3
门当户对	méndānghùduì	A	families of equal standing；be well-matched in social and economic status (for marriage)	10
梦想	mèng xiǎng	N	dream	4－2
蒙古包	ménggǔbāo	N	mongolia package	3－1
面对面	miànduìmiàn		face to face	13
秘诀	mìjué	N	secret	15－1
明星	míngxīng	N	star	4－2
名气	míngqì	N	fame	4－3
秘书	mìshū	N	secretary	2－3
蜜甜	mìtián	A	sweet	8－2
默哀	mò'āi	V	to observe silence to express mourning	6－2
某些	mǒuxiē	A	certain；a few	7
幕	mù	N	(of a play) act	8
目的	mùdì	N	purpose	3－1

续表

词条	拼音	词性	英译及中文解释	课号
		N		
耐心	nàixīn	N	patience	7
内向	nèixiàng	A	introversive	7
泥	ní	N	mud	9－1
鸟巢	niǎocháo	N	bird's nest	3－2
女郎	nǚláng	N	young woman； maiden	8－2
		P		
判断	pànduàn	V	to judge	7
盼望	pànwàng	V	to look forward to， expect	4－1
陪	péi	V	accompany	12
便宜	piányi	A	cheap	1
贫困	pínkùn	A	poor	4－3
贫穷	pínqióng	Adj	poor	14
品位	pǐnwèi	N	grade	11－1
脾气	píqi	N	temper	7－3
破坏	pòhuài	V	to destroy	6
普遍	pǔbiàn	A	normal	11
		Q		
骑	qí	V	ride	3－1
牵	qiān	V	to pull	8
抢	qiǎng	V	to rob	8
强调	qiángdiào	V	stress	15
强制性	qiángzhìxìng	N	compulsory	12－1
器材	qìcái	N	equipment	4－1
起点	qǐdiǎn	N	starting point	4－2
勤奋	qínfèn	A	diligent	7－3
情愿	qíng yuàn	V		8－1
清楚	qīngchu	Adj	clear	13－1

续表

词条	拼音	词性	英译及中文解释	课号
青椒	qīngjiāo	N	green pepper	1－3
轻松	qīngsōng	A	relaxed and gentle；easily	10－1
勤俭节约	qínjiǎn jiéyuē	A	hardworking and thrifty	11
亲切	qīnqiè	A	cordial	7－3
期望	qīwàng	N	expectation	12
气温	qìwēn	N	temperature	6－3
取代	qǔdài	V	take place of	11－1
瘸	qué	V	be lame	8－3
缺乏	quēfá	V	lack	12
R				
让座	ràngzuò	V	offer one's seat to sb	14－1
染色	rǎnsè	V	dyeing	9－1
燃油	rányóu	N	petrol	5－1
热闹	rènào	N	fun 有趣的人或事	8－3
认识	rènshi	V	to recognize 从不知道到知道	6
人物	rénwù	N	characters（in a play or novel）	8
人形	rénxíng	N	humanoid	8
热情	rèqíng	A	warm	7－3
日常	rìcháng	Adj	daily	14－1
日程	rìchéng	N	schedule	2－3
日志	rìzhì	N	journal	2－3
入侵	rùqīn	V	to invade	8－3
S				
赛季	sàijì	N	season	4－2
森林	sēn lín	N	forest	6
色素	sèsù	N	pigment	9－1
沙尘暴	shāchénbào	N	sandstorm 春天一种大风扬沙的特别坏的天气	6－3

续表

词条	拼音	词性	英译及中文解释	课号
沙漠	shāmò	N	desert	3－1
伤害	shānghài	V	to hurt	7
商品	shāngpǐn	N	goods	13－1
商务座	shāngwù zuò	N	business base	5－1
上涨	shàngzhǎng	V	to rise	2－2
善良	shànliáng	A	kind-hearted	7
勺子	sháozi	N	scoop	1－3
沙扬娜拉	shāyángnàlā	V	日语さようなら“再见”的意思	8－2
蛇	shé	N	snake	8
奢侈品	shēchǐpǐn	N	luxury	11
社会	shèhuì	N	society	14－1
生产	Shēngchǎn	N	production	9
生产日期	shēngchǎn rìqī	N	production date	9
省事	shěngshì	A	save trouble	3
神秘	shénmì	A	mysterious	7－3
申请	shēnqǐng	V	to apply	5
甚至	shènzhì	Adv	What's more；even	9
时代	shídài	N	age，times	13
适龄	shìlíng	adj	of the right age	12－1
实施	shíshī	V	bring into effect	12－1
实现	shíxiàn	V	realize one's dream	12
实在	shízai	A	real；honest；true	11
失踪	shīzōng	V	to disappear	6－2
收	shōu	V	receive	13
受	shòu	V	to receive	4－2
摔倒	shuāidǎo	V	to fall over	5－2
刷卡	shuākǎ	V	pay by card	5
蔬菜	shūcài	N	vegetables	4

续表

词条	拼音	词性	英译及中文解释	课号
水缸	shuǐgāng	N	a water vat	8 – 3
数量	shùliàng	N	number	5
舒适	shūshì	A	comfortable	5
司机	sījī	N	driver	2
私家车	sījiāchē	N	private car	5
死尸	sǐshī	N	dead body	4 – 3
死亡	sǐwáng	N	death	9
素	sù	N	vegetarian food	15 – 1
蒜	suàn	N	garlic	1 – 1
随从	suícóng	N	member of one's suite	2 – 1
随时随地	suíshísuídì	Adv	any time and any place	13 – 1
随着	suízhe	Prep	along with; in pace with	10
俗语	súyǔ	N	saying; folksay	11
		T		
糖精	tángjīng	N	saccharin	9 – 1
逃避	táobì	V	to escape	7 – 3
讨论	tǎolùn	V	discuss	13 – 1
讨厌	tǎoyàn	V	to dislike	8
特点	tèdiǎn	N	feature; characteristic; trait	10 – 1
添加剂	tiānjiājì	N	additives	9
调整	Tiáozhěng	VO	adjustment	15
亭	tíng	N	kiosk	5
体育	tǐyù	N	physical training	4
通过	tōngguò	prep	by, through	13
统一性	tǒngyīxìng	N	unity	12 – 1
团	tuán	M		8 – 1
团圆	tuányuán	V	to reunite	8
推	tuī	V	to push	8

续表

词条	拼音	词性	英译及中文解释	课号
推理	tuīlǐ	V	to deduce	7 – 3
推销员	tuīxiāoyuán	N	salesman	2
途径	tújìng	N	way; approach	11 – 1
W				
外向	wàixiàng	A	exoscopic	7
网络	wǎngluò	N	network	13
网站	wǎngzhàn	N	website	13
危害	wēihài	V	harm	9
微软	wēiruǎn	N	Microsoft	2
威胁	wēixié	VO	threaten	15
唯一	wéiyī	A	only 只有这一个	8 – 3
文化	wénhuà	N	culture	3 – 1
温柔	wēnróu	A	tender	7
握	wò	V	to hold; to master; to grasp	10 – 1
卧铺	wòpù	N	sleeping berth	3 – 1
无悔	wú huǐ	V		8 – 1
无怨	wú yuàn	V		8 – 1
物价	wùjià	N	price	2 – 2
物美价廉	wùměi jiàlián	A	inexpensive	11
无奈	wúnài	V	to have no choice 没有办法	8 – 3
污染	wūrǎn	V	to pollute; contaminate	5 – 3
X				
现代	xiàndài	A	modern	8 – 2
向	xiàng	prep	towards	14
香菜	xiāngcài	N	coriander	1 – 1
相公	xiànggōng	N	husband	8
香精	xiāngjīng	N	essence	9 – 1
象棋	xiàngqí	N	Chinese chess	4

续表

词条	拼音	词性	英译及中文解释	课号
详细	xiángxì	Adj	detailed	13 – 1
小吃	xiǎochī	N	snack	1
小费	xiǎofèi	N	tips	1
消费额	xiāofèi'é	N	consumer credit	11 – 1
消费观	xiāofèiquān	N	consumer attitudes	11
戏班	xìbān	N	theatrical troupe	4 – 3
谢幕	xièmù	V	to answer a curtain call	8
幸福	xìngfú	N	happiness	14
性格	xìnggé	N	character	7
新疆舞	xīnjiāngwǔ	N	Hsinchiang Dance	4
新奇	xīnqí	A	curious	3 – 1
信息	xìnxī	N	information	13
稀奇	xīqí	A	unusual and seldom seen	8 – 3
戏曲	xìqǔ	N	a traditional opera	4 – 3
牺牲	xīshēng	V	sacrifice	14
休闲	xiūxián	V	have a leisure time	4
细心	xìxīn	A	careful	7 – 3
宣布	xuānbù	V	announce	4 – 2
炫耀	xuànyào	V	show off	11
选择	xuǎnzé	N	the choice	4
学历	xuélì	N	record of formal schooling	2
迅速	xùnsù	A	quickly	4 – 3
叙述	xùshù	V	to narrate	8
		Y		
芽	yá	N	the sprout	6 – 3
养护	yǎnghù	VO	cure	15
养生	yǎngshēng	V	preserve one's health	15
严谨	yánjǐn	A	rigorous	7 – 3

续表

词条	拼音	词性	英译及中文解释	课号
严重	yánzhòng	A	serious	5－3
摇	yáo	V	to draw	5
牙医	yáyī	N	dentist	2
业务	yèwù	N	business	2－3
噫	yī	Int		8－1
遗产	yíchǎn	N	heritage	3－1
遗传	yíchuán	N	hereditary	15－1
一次性	yícìxìng	A	disposable；once only	6
依靠	yīkào	V	rely on；support	10
依赖	yīlài	V	rely on	12
医疗	yīliáo	N	medical	15－1
影响	yǐngxiǎng	N	influence	8－2
硬座	yìngzuò	N	hard seat	5－1
因素	yīnsù	N	factor；element	10
因特网	yīntèwǎng	N	Internet	13
一切	yíqiè	N	everything	12
意识	yìshi	N	awareness；consciousness	11
亿万	yìwàn	M	millions upon millions	3－1
义务	yìwù	N	obligation	6
拥挤	yōngjǐ	A	crowded	5
油	yóu	N	oil	1－1
由……组成	yóu …zǔchéng		be made up of	14－1
悠远	yōuyuǎn	A		8－1
优点	yōudiǎn	N	advantage	3
幼儿园	yòuéryuán	N	kindergarten	12－1
邮件	yóujiàn	N	e－mail	13
尤其	yóuqí	Adv	particularly	15

续表

词条	拼音	词性	英译及中文解释	课号
预订	yùdìng	V	to reserve; to book (a ticket, a hotel, etc)	1
预计	yùjì	V	forecast; estimate; predict	11－1
娱乐	yúlè	V	to entertain	4
玉米	yùmǐ	N	corn	9－1
预约	yùyuē	V	to reserve	2－3
		Z		
灾区	zāiqū	N	disaster area	14
增加	zēngjiā	V	increase	9－1
责任	zérèn	N	responsibility	6
责任感	zérèngǎn	N	responsability	4－2
炸	zhá	V	fry in deep fat or oil	1－1
站	zhàn	N	the station	5
战场	zhànchǎng	N	battlefield	8－3
丈夫	zhàngfu	N	husband	8
占有欲	zhànyǒuyù		possessive desire	7－3
镇	zhèn	N	town	9－1
蒸	zhēng	V	to steam	1－1
政府	zhèngfǔ	N	government	2
争论	zhēnglùn	V	to argue	7
挣钱	zhèngqián	V	to earn money	2
珍贵	zhēnguì	A	precious	6
珍重	zhēnzhòng	N	take good care of yourself	8－2
直接	zhíjiē	Adv	directly	9－1
质量	zhìliàng	N	quality	13－1
质量合格证	zhìliàng hégézhèng	N	certification of quality	9
职业	zhíyè	N	occupation	2

续表

词条	拼音	词性	英译及中文解释	课号
中档	zhōngdàng	A	intermediate	1
终点	zhōngdiǎn	N	destination	4 – 2
中毒	zhòngdú	V	poisoning	9
重视	zhòngshì	V	to attach importance to；to pay attention to	5 – 3
重要性	zhòngyàoxìng	N	importance	6
竹	zhú	N	bamboo	10 – 1
煮	zhǔ	V	to boil	1 – 1
主题	zhǔtí	N	theme	8 – 1
专门	zhuānmén	Adv	specially	1
专业	zhuānyè	A	professional	2 – 3
主持人	zhǔchí rén	N	question-master	4
追逐	zhuīzhú	V	to chase；to persue	11 – 1
主角	zhǔjué	N	main character	4 – 3
注重	zhùzhòng	V	pay attention to	11
自大	zìdà	A	arrogant	7 – 3
资料	zīliào	N	material	2 – 3
自然	zìrán	N	nature	6
自由	zìyóu	A	free	3
资源	zīyuán	N	resources	6
总之	zǒngzhī	Conj	generally	6
最近	zuìjìn	Adv	recently	9
遵守	zūnshǒu	V	to observe	5 – 3
坐禅	zuòchán	V	to sit in meditation	8

语法术语缩略形式一览表
Abbreviations for Grammar Terms

Abbreviation	Grammar Terms in English	Grammar Terms in Chinese	Grammar Terms in Pinyin
Adj	Adjective	形容词	xíngróngcí
Adv	Adverb	副词	fùcí
Conj	Conjunction	连词	liáncí
Int	Interjection	叹词	tàncí
M	Measure word	量词	liàngcí
N	Noun	名词	míngcí
Pr	Pronoun	代词	dàicí
Prep	Preposition	介词	jiècí
V	Verb	动词	dòngcí
VO	Verb plus object	动宾式动词	dòngbīnshì dòngcí

参考答案

【第 1 单元　点菜】						
短文阅读	二	1. A	2. A	3. A		
阅读训练（二）	一	(1) 14 元, 32 元	（2）B			
阅读训练（三）	（1）B	（2）A	（3）A			
【第 2 单元　工作】						
短文阅读	一	1. A	2. A	3. C	4. B	
阅读训练（一）		1. A	2. A	3. A	4. B	
阅读训练（二）		1. 1160 元	2. 1 月 1 日			
阅读训练（三）	（一）	1. B	2. D	3. C	4. C	
	（二）	1. 开会，向员工交代本周任务	2. 14：00 –15：30	3. 10 分钟		
	（三）	1. √	2. ×			
【第 3 单元　旅游】						
短文阅读	一	1. ×	2. √	3. ×	4. ×	5. √
阅读训练（二）		1. C	2. B	3. A	4. A	
【第 4 单元】业余生活						
短文阅读	一	1. D	2. C	3. C	4. B	

续表

阅读训练（一）	一	1. ×	2. ×	3. ×			
	二	1. C	2. C				
阅读训练（二）		1. ×	2. ×	3. √	4. √		
阅读训练（三）	一	1. ×	2. ×	3. ×			
【第5单元】交通							
短文阅读	一	1. D	2. B	3. A	4. B		
阅读训练（二）	一	1. B	2. D	3. A	4. C		
阅读训练（三）	一	1. B	2. C	3. D			
【第6单元】环境保护							
短文阅读	一	1. D	2. A	3. A			
阅读训练（一）		1. B	2. A	3. C	4. A		
阅读训练（二）	一	1. C	2. B				
阅读训练（三）	一	1. C	2. C	3. C	4. D		
【第7单元】性格							
短文阅读	一	1. D	2. B	3. A	4. C		
阅读训练（一）	二	1. C	2. B	3. B			
阅读训练（二）	一	1. A	2. D				
【第8单元】中国故事与歌曲							
短文阅读	二	1. B	2. A	3. B	4. D	5. D	
【第9单元　食品安全】							
短文阅读	一	1. ×	2. √	3. ×	4. √	5. √	
	一	1. B	2. A	3. A	4. D	5. C	6. C
	二	1. 危害	2. 出现	3. 根本	4. 影响	5. 大概	
阅读训练（二）		1. 证；照	2. 不干净；不卫生	3. 三无	4. 价钱太低	5. 质量，生产日期，产地	6. 大商场和大品牌，质量保证

续表

【第10单元 爱情与婚姻】							
短文阅读	一	1. C	2. C	3. A	4. C	5. C	
	二	1. C	2. D	3. A	4. D	5. C	
阅读训练（一）		1. B	2. D	3. D	4. A	5. C	
阅读训练（二）		1. ×	2. √	3. ×	4. √	5. ×	6. ×
		7. √					
【第11单元 消费】	一	1. C	2. C	3. C	4. A	5. C	
阅读训练（一）		×	√	√	×	×	√
阅读训练（二）							
【第12单元 教育】	一	1. 独生子女；宠爱	2. 机会	3. 陪	4. 期望		
	二	1. C	2. D	3. A			
阅读训练（一）	一	1. C.	2. D	3. A			
阅读训练（二）	一	1. √	2. ×	3. ×	4. √	5. ×	
阅读训练（三）	一	五门	英语	物理和化学（各8节）	周日	20分钟	两小时25分钟
【第13单元 上网】							
短文阅读	一	1. B	2. A	3. D	4. A	5. C	
阅读训练（一）	一	1. 逛街	2. 质量	3. 随时随地	4. 随着	5. 清楚	
	二	1. ×	2. √	3. ×	4. ×	5. √	
【第14单元 做善事】							
短文阅读	一	1. 附近	2. 出生	3. 节省	4. 纪念	5. 捐	
	二	1. B	2. B				

续表

	三	1. √	2. √	3. ×	4. ×		
阅读训练（一）	二	1. ×	2. ×	3. ×	4. ×	5. ×	
阅读训练（二）	一	1. √	2. √	3. ×	4. √	5. √	
【第15单元　养生】							
短文阅读	一	1. D	2. C	3. D	4. D	5. B	6. D
		7. D					
	二	1. 特点	2. 尤其	3. 污染	4. 强调	5. 甚至	6. 质量
		7. 传统	8. 调整				
阅读训练（一）	一	1. D	2. B	3. D	4. A		
	二	1. 得意	2. 遗传	3. 因素	4. 秘诀	5. 偶尔	6. 偏好
		7. 决定	8. 医疗				
阅读训练（二）	一	1. D	2. D	3. B	4. B		
	二	1. 损伤	2. 经验	3. 意外	4. 平衡	5. 及时	6. 补充

参考文献

李禄兴、幺书君主编，郑林啸、李禄兴编：《汉语阶梯快速阅读》第一级，北京语言大学出版社 2005 年版。

孟国主编：《原声汉语——中级实况听力教程》，北京大学出版社 2008 年版。

徐昌火：《HSK（改进版）模拟试题集 · HSK［中级］》，北京语言大学出版社 2008 年版。

朱勇主编：《好一朵茉莉花》，外语教学与研究出版社 2009 年版。

朱勇主编：《奇妙的中文》，外语教学与研究出版社 2009 年版。

后　记

本书的编写开始于2010年，在这之前，作者经过了几轮的阅读教学实践，书中有一些篇目还在中央民族大学国际教育学院2009年的留学生阅读教学中训练过，效果不错，所以这次也把相关的文章收录进来。

本书由中央民族大学曾立英和刘玉屏两位教师共同完成。具体分工情况如下：曾立英负责总体设计，1－8单元的编写；刘玉屏负责9－15单元的编写。

在教材的编写过程中，有几位中央民族大学国际教育学院的硕士研究生也参与了编写。王彦润同学参与了第2单元的短文阅读和阅读训练（三）、第4单元的短文阅读和阅读训练（二）、第6单元的短文阅读、第7单元的短文阅读的编写工作。高航同学做了前8单元的很多生词注释的草创工作，还参与了第3单元的短文阅读、第6单元的阅读训练（二）、第7单元的阅读训练（三）的编写工作和词表的汇总工作及参考答案的编写校对。金春花同学参与了第9、第10、第11单元短文阅读和阅读训练的编写。张博同学参与了第12、第13、第14单元短文阅读和阅读训练的编写。刘英和刘慧芳同学参与了部分单元生词注释的编写。刘慧芳和周灵灵同学参与了部分单元参考答案的编写。在这里，对她们的辛勤劳动表示感谢。

编　者